FORBES
BEST BUSINESS MISTAKES:
How Today's Top Business Leaders Turned Missteps into Success

大逆转
福布斯商界领袖如何反败为胜

〔美〕鲍勃·塞勒斯 著

贾文娟 译

商务印书馆
The Commercial Press

2014年·北京

Bob Sellers
FORBES BEST BUSINESS MISTAKES
How Today's Top Business Leaders Turned Missteps into Success
Copyright © 2010 by Bob Sellers.
Published By John Wiley & Sons, Inc., Hoboken, New Jersey.
All Rights Reserved. This Translation Published Under License.

图书在版编目(CIP)数据

大逆转：福布斯商界领袖如何反败为胜/（美）塞勒斯著；贾文娟译.—北京：商务印书馆，2014
ISBN 978-7-100-10370-1

Ⅰ.①大… Ⅱ.①塞…②贾… Ⅲ.①企业家—生平事迹—世界 Ⅳ.①K815.38

中国版本图书馆 CIP 数据核字（2013）第 249767 号

所有权利保留。
未经许可，不得以任何方式使用。

大　逆　转
——福布斯商界领袖如何反败为胜
〔美〕鲍勃·塞勒斯　著
贾文娟　译

商　务　印　书　馆　出　版
（北京王府井大街36号　邮政编码100710）
商　务　印　书　馆　发　行
北京市松源印刷有限公司印刷
ISBN 978-7-100-10370-1

2014年9月第1版　　　开本 880×1230　1/32
2014年9月北京第1次印刷　印张 9 3/4
定价：26.00元

目 录

| 致谢 | 1 |
| 引言 | 3 |

第一部分 传奇与领袖 ………………………………… 1
第一章 杰克·韦尔奇 ……………………………… 3
第二章 约翰·柏格 ………………………………… 9
第三章 彼得·林奇 ………………………………… 17
第四章 比尔·格罗斯 ……………………………… 25
第五章 威廉·奥尼尔 ……………………………… 33
第六章 吉姆·罗杰斯 ……………………………… 45
第七章 穆罕默德·埃尔－埃利安 ………………… 53
第八章 罗伯特·普罗克特 ………………………… 61

第二部分 首席执行官 ………………………………… 77
第九章 亚瑟·布兰克 ……………………………… 79
第十章 大卫·诺瓦克 ……………………………… 89
第十一章 比尔·弗里斯特 ………………………… 99
第十二章 芭芭拉·柯克兰 ………………………… 109

1

目 录

第十三章　史蒂夫·福布斯 ……………………………115
第十四章　丹尼·魏格曼 ………………………………123
第十五章　加里·戈德堡 ………………………………133
第十六章　杰瑞·莱文 …………………………………139
第十七章　R. J. 柯克 …………………………………153

第三部分　新一代 ……………………………………163
第十八章　迈瑞迪斯·惠特尼 …………………………165
第十九章　詹森·吉拉尔 ………………………………173
第二十章　伊恩·布雷默 ………………………………183
第二十一章　吉姆·巴克马斯特 ………………………191
第二十二章　约翰·卡佩莱蒂 …………………………203

第四部分　个性名人 …………………………………211
第二十三章　苏茜·欧曼 ………………………………213
第二十四章　吉姆·克莱默 ……………………………221
第二十五章　马克·库班 ………………………………227
第二十六章　本·斯坦 …………………………………233
第二十七章　阿里安娜·赫芬顿 ………………………241
第二十八章　赫伯·格林伯格 …………………………249
第二十九章　阿瑟·拉弗 ………………………………259
第三十章　戴夫·拉姆齐 ………………………………269

结论 ………………………………………………………281
作者简介 …………………………………………………291

致 谢

首先，我要感谢我的妻子安娜。每到艾美奖颁奖典礼时，她总会翘首以待，注意获奖者是否会提到她的爱人，所以，她自然是我第一个要感谢的人。直到今天，安娜仍是德克萨斯送给我最完美的礼物。〔位居第二的是这里的墨西哥餐馆，歌手莱尔·罗维特（Lyle Lovett）和乔·伊利（Joe Ely）并列第三。〕

我也要向约翰·威立国际出版公司（John Wiley & Sons）的编辑劳拉·沃尔什（Laura Walsh）送上我最诚挚的谢意。劳拉总能让她的周围充满阳光，感谢她为我每个阶段的写作注入的动力和热情。很荣幸能遇到这样一位好友般的编辑，她的鼓励和支持我将永远铭记于心。

同时，我也要感谢书中接受采访的每位商界名人，因为不是每个人都愿意分享曾经的失败经历，希望书中的内容能够赢得他们的信任和对本书的支持。当然，我也要为史蒂夫·福布斯送上我衷心的感谢，福布斯三个字出现在这本书的封面上再合适不过了。90多年来，《福布斯》凭借其独到的视角和强大影响力赢得

致 谢

了广泛的赞誉,希望我的写作也能不辜负《福布斯》的高标准和高要求。

最后,还要感谢两位小姑娘,几个月来,我一直在说:"孩子们,现在不行,待会儿,待会儿,爸爸在写东西。"

现在是该兑现承诺的时候了。

引 言

错误，我们每个人都会犯错，每个人都有着自己的犯错经历，没有什么比错误留给我们的教训更令人难忘了，不信你可以问问美国历史上最有成就的一些人。这正是我在书中写到的：大逆转——福布斯商界领袖如何反败为胜（*Forbes Best Business Mistakes: How Today's Top Business Leaders Turned Missteps into Success*）。

奇怪的是，这些功成名就的商界巨子非常乐意分享他们走过的弯路。我曾在一些大公司和美国最成功的电视广播公司工作过，但我发现几乎没有人愿意讲起他们犯过的错误，至少没有人用一种积极的方式和我谈起过他们的错误。

参加晚宴或和同事年终聚会的时候，你很可能不会听到有人讲起曾经的错误判断或失败尝试，不会听到他们说起多年前的错误如何让自己一步步取得了今天的骄人成绩。你可能也不会看到自己的领导放下手中的刀叉，端起酒杯跟大家分享曾经栽过的大跟头，讲述如何在一次巨大的错误终结了自己的职业生涯后，痛

引 言

定思痛，吸取教训，最终取得了今天的辉煌成就。

在这些场合，你听到的常常是赞赏一个人多聪明，多睿智，如何力排众议，果断决定，做了一笔好生意或挑选了一只大家并不看好的股票，最终这只股的涨势却超出了所有人的预期。但听听他人讲述错误、失败的经历会让我们受益匪浅。采访完书中的商界名流后，我深刻地认识到，我们的成功离不开自己犯过的错误和从中吸取的宝贵教训。

曾经管理哈佛大学捐赠基金的太平洋投资管理公司首席执行官穆罕默德·埃尔－埃利安告诉我，他总能从他人的经历中吸取教训。他说："他人的错误是很好的学习机会。"这就是他愿意跟我分享他犯过的错误的原因。生活中有太多的不确定因素，我们很难给每件事画上完美的句号，所以，最重要的是不再犯同样的错误。要记住：谁都会犯错，犯错并不意味着末日的来临，关键在于你是否能从中吸取教训。

温斯顿·丘吉尔说过："人人都会犯错，但只有聪明人才能在错误中找到有价值的东西。"

对从商者——事实上，对从事任何职业的人而言——成功之路都不是一帆风顺的。登上领奖台的奥运冠军绝不是因为当天的出色表现才取得万人瞩目的优异成绩，光环和荣誉的背后是长年累月的艰苦训练，有坚持、有错误、有调整、有强化，才有了比赛时候的完美呈现。在体育活动或任何其他活动中，人们都是在一次次的尝试、挫败和矫正过程中成长起来，拒绝接受错误挑战的人成不了强者。

戴夫·拉姆齐告诉我："我接触过世界各地的成功人士，有运动员、艺术家、政府高官、影视名人，在我们看来，这些人的成功之路似乎是从 A 到 B 的一条直线，直通顶峰。但事实上，他们的人生道路绝非笔直通畅的阳光大道，失误、挫折、烦闷、碰壁常常造访；在前行的道路上，他们总在吸取教训、调整着方向。"

本书中的很多主人公都是和我们一样的普通人，他们勤勤恳恳、默默无闻地工作，很多人既不是大红大紫的国际巨星，也不是领奖台上手捧金牌的世界冠军。多年的辛劳和汗水换来了今日的宝贵经验和骄人成就。他们日复一日地勤学苦练、精进技能、训练应对挫折的能力，当那个最具挑战的时刻来临时，他们牢记从错误中吸取的教训，从容应对，正确判断，一步步推动自己的事业攀登新的高峰。

我采访过的人们有这样一个共性：他们专注、热情、干劲十足，这很可能是他们没有被错误打败的原因。这种态度让我想起了已故橄榄球传奇教练文斯·隆巴迪（Vince Lombardi），他率领绿湾包装工队（Green Bay Packers）九年内五次取得联赛冠军，其中两次登顶超级碗（Super Bowl）冠军。他告诫球队永不言败，输掉比赛时，他总会说："我们没有输，只是时间不够。"这种鼓励足以体现隆巴迪的钢铁意志。"成功者和其他人的区别不在于力量的区别，也不在于知识的区别，而在于意志的区别。"今天，超级碗冠军奖杯被命名为隆巴迪杯。

引 言

"最有价值"的错误

当然，市面上已经有不少有关"错误"的书籍，大部分告诉人们如何避免出错。你可以阅读相应图书，了解如何在购房、择偶、写作、化妆、划船、面试、演讲、投资、管理员工、申请大学、挑选马匹、实施手术时避免出错。

但能够积极看待错误，并告诉你错误在我们的成功之路上不可或缺的图书并不多。

纽约西奈山医疗中心（Mount Sinai Medical Center）临床精神病学家乔治娅·维特金（Georgia Witkin）说："成功者善于从错误中学习。"这说来容易做来难。她说，因为无力应对失败，很多人逃避着成功道路上必须面对的风险。"那些在各个领域有所成就的人都是不畏惧错误的人，他们能够欣然接受失误、挫折，从错误中吸取的教训帮助他们一步步接近目标。对待错误的态度决定着你能否成功。"

但这并不意味着所有错误都是积极的。在商界，有20世纪50年代福特的Edsel汽车、80年代新力公司开发的Beta制录像系统，还有新可乐；网络时代这样的致命错误更是比比皆是，黄金时段的《杰·雷诺秀》也不例外。但即使在这些错误中，我们也一样能吸取教训。

在洛杉矶生活的那段日子里，我喜欢在假日闲暇的时候漫步威尼斯海滩，在那里静观形形色色的游人。海滩上，一个小伙子熟练地玩着戏法，他手中拿的不是我们经常见到的羽毛或纸牌，而是一个开动着的链锯。没错,是链锯!他是如何在日复一日的练习和失误中掌握这一技艺的?我一直在想,是否还有另一个能用链锯表演杂耍的独臂小伙子——他会比拥有双臂的人做的更好还是更糟?那绝不是一个好错误,两次失误就会完全终止你的职业生涯。

一些错误可能给个人带来巨大灾难,无论你姓甚名谁,何种出身,有无官职,你可能都不愿当着他人的面再次掀开伤疤。这些错误不是我在本书中的主人公身上想要得到的,我希望听到好的错误,也就是真正有价值的错误。

价值决定了它们是否是我认为的"最佳错误"。商界巨子的错误为他们提供了成功的机遇,这些经历有可能是他们受用一生的教训,也有可能是他们成功道路上必须迈出的一步;另外,也有可能它们只是他人眼中的错误,尽管得不到支持和理解,但他们深信自己的决定不会错——这一点或许很多人多年后才能认识到。

内容概要

有时,错误能让我们了解真实的自己。

拿约翰(杰克)·柏格来说,他是具有传奇色彩的华尔街经理人、先锋集团的创建者。他的错误决定使他在 20 世纪 70 年代丢掉了惠灵顿管理公司的领导职位。他要找一个地洞钻起来吗?没有。他推出了第一只股票指数共同基金,新公司和源源不断的财富流入让他更添了一份魅力和自信。

引 言

　　他告诉我:"对我来说,当时被解雇是我一生中犯过的最有价值的错误,也是最大错误,但我从那种阴影中挺了过来,也从中获益匪浅。"

　　杰克·韦尔奇被《财富》杂志评选为"世纪经理",职业生涯早期,他和一些化学家一起参与实验,但因为实验过程出现失误,工厂屋顶被炸飞!他没有被无情地踢出公司;相反,这次失误锁定了他在通用电气的职业生涯。

　　两位杰克,韦尔奇和柏格的故事开启了本书的第一部分——传奇和领袖。故事中渗透着他们从多年的管理实践中积累的真知灼见。正如知名经纪公司 E.F.Hutton 早年打出的广告语:当他们开口讲话时,所有人都会竖起耳朵。彼得·林奇也是名符其实的传奇人物,他的故事让我们看到,他的股票投资决定如何改变了他对投资形势的认识。

　　书中还介绍了一些商界新面孔,如 Hulu 公司总裁詹森·吉拉尔（Jason Kilar）。他的最佳错误和他以前在亚马逊网的老板杰夫·贝索斯（Jeff Bezos）有关,詹森可以称得上是"新一代"领导者,他们正在接过前辈手中的大旗。Graigslist 公司的吉姆·巴克马斯特（Jim Buckmaster）也是其中一员,他的决定在他人看来无异于自取灭亡,但结果却表明,他正在走上更加美好的人生之路——只是 10 年后才真正获得回报。

　　迈瑞迪斯·惠特尼（Meredith Whitney）也是新一代领袖人物,她是华尔街的选股高手,她敢于冒险、敢于做一个反向投资者。所有优秀领导者都具备这一品质——敢于另辟蹊径。她年轻有为、勇于拼搏,是值得所有后来者学习的好榜样。

引 言

也有以"个性"取胜者，如马克·库班（Mark Cuban），他说，如果没有组织那次湿T恤比赛，他就永远不会跻身亿万富翁行列，问鼎今天的成绩。是组织湿T恤比赛的错误决定为他开启了成功之门。

CNBC主持人吉姆·克莱姆（Jim Cramer）是非常成功的身家数百万的对冲基金经理人，但他也同样犯过错，摔过跟头，那次"巨大的错误"帮助他扭转了公司颓势。苏西·欧曼（Suze Orman）没有听从直觉，信任了不该信任的人，结果损失近百万美元。"那次错误给了我至今受用的人生教训，"她说。

书中还增加了"首席执行官"部分，主人公中有人是首席执行官，也有人不是。但他们都管理着众多员工和自己的发展项目，如亚瑟·布兰克（Arthur Blank），他和伯尼·马库斯（Bernie Marcus）创办了家得宝（The Home Depot）。对雄心勃勃、希望大展宏图的商学院学生而言，他的失误值得每个人研究学习。

前美国参议院多数党领袖比尔·弗里斯特（Bill Frist）医生帮助范德比尔特大学建立了器官移植中心，他在心脏移植的早期试验阶段就已经加入这一行列。他说："每解决一个问题，新的问题就会接踵而至。"一个个问题，一次次学习，从错误中吸取的教训帮他挽救了更多生命。

美国广播公司实境节目《创智赢家》（Shark Tank）固定要角芭芭拉·柯克兰（Barbara Corcoran）描述了她创业过程中犯过的错误，她说，没有那次错误，她就不会成为纽约最棒的房地产经纪人。有人或许会问："我已经搞砸了，究竟怎样才能在已定败局中找到有价值的东西呢？"她的回答是："不要灰心丧

9

气、弃之一边，再付出一点点努力，5%或10%的努力你就会迎来光明。"

痛苦和教训

当然，一些励志演说家会讲到如何积极对待错误，但很多演说家你闻所未闻，另外，他们在事业上达到的高度也远不及本书中提到的人物。如果要学打棒球，我宁愿找一位参加过棒球大联盟比赛的球员，而不会找在小比赛中有不俗表现的选手。听听这些成就非凡的商业才俊讲述如何以积极的心态对待犯过的错误对我们每个人的事业和人生都会有所启发。

戴夫·拉姆齐（Dave Ramsey）就是最好的例子，曾经的失败促使他开创了成功的事业，没有惨败，没有亲身经历，他就不会成为止赎权房产交易专家，取得这样的成绩并非巧合。他自己年轻时因为决策失误而倾家荡产，为了一家人的生计，他必须再次奔波。他两度成为人人羡慕的大富翁，房地产交易为戴夫·拉姆齐带来了数百万的财富，但银行贷款又让他顷刻无缘财富。当债主打来电话质问他的妻子怎能忍受这样一位负债累累的丈夫时，他的痛苦可想而知。

他告诉我："痛苦是一位异常严厉的老师，它会让你永远牢记。苦痛越深刻，教训越深刻。"戴夫·拉姆齐成功了，因为他没有被失败击垮；相反，他勇敢应对，再一次走上了致富之路，而且，曾经的错误帮他开创了新的事业。

所以，让我们欣然接受错误。

心理学家乔安·达科特（JoAnn Dahlkoettner）曾是世界顶级运动员，她在旧金山湾常和许多运动员以及商业人士有密切往来，采访中她告诉我："错误为我们提供了很好的学习机会。"

"有人总问'为什么是我？''为什么我总犯同样的错误'，问'为什么'并不是应对错误的正确方式，"她说，"你的问题必须更加有力。如问自己'我可以从中吸取怎样的教训？''下一次该怎么做？''下一步该怎么走？''怎样才能见效？'想想哪些策略曾让你尝到了成功的甜头。"

她指出，我们不应把错误和自己等同起来，这和人的价值无关，生命中还有很多能够实现、证明我们价值的东西。

如果亨利·福特放弃他的第一次、第二次或第三次尝试，就永远不会有福特 T 型车的诞生。T 型车改变了美国人的生活，但如果没有他从错误中的一次次学习，就不会在那个时候出现这一革命性创举。

我采访过的很多人都从业于竞争异常激烈的领域，我担心他们会对曾经的错误避而不谈，因为错误通常都被视为是无能的表现。但恰恰相反，他们毫不忌讳，这或许是因为他们的注意力早已转移到了错误留给他们的积极教训上。那些教训很可能会在很多他们意想不到的地方发挥作用。

穆罕默德·埃尔－埃利安在太平洋投资管理公司的同事比尔·格罗斯告诉我，他在赌牌中吸取的教训让他成为了世界上最顶尖的债券基金经理。你在赌博的时候能学到投资诀窍吗？很有可能。

新闻博客网站 HuffingtonPost.com 创始人阿里安娜·赫芬

引 言

顿（Arianna Huffington）在主持政治巨星约翰·肯尼斯·加尔布雷斯（John Kenneth Galbraith）和威廉·F. 巴克利（William F. Buckley）的辩论过程中吸取深刻教训。至今，那次经历仍时时提醒她谨慎对待每次政治讨论。

读者对象

如果你从业于商界，书中这些名字以及他们的创业故事你很可能早已有所耳闻。他们的经历和人生故事可能就如磁石一样深深吸引着你，我想，他们犯过的错误，以及从中吸取的教训一定能成为照亮你创业道路的明灯。

事实上，这些故事和教训有着普遍的意义。在秘书偷走了她的文件和客户信息后，苏西·欧曼并没有追究她的责任——"我的损失近百万美元，但如果我当时拒绝接受她，还会有今天的一切吗？"所以，除了哈佛大学的工商管理硕士外，其他许许多多的普通人也能从她的经历中吸取教训。

作为一名电视记者，我拥有很敏锐的第六感，能感觉到节目是否会吸引观众。这里，我希望自己的第六感依然有用，所以，书中尽可能避开技术性很强的内容和艰涩的专业词汇，你知道，当罗伯特·普罗克特（Robert Prechter）和威廉·奥尼尔（William O'neil）这样的华尔街名人讲话时，斐波纳奇回调线（Fibonacci retracement）、相对强度等金融术语总让你应接不暇。

当年做商业采访时，有人会提起一只股票的市价盈利率，这时，我总感觉有观众想要换台。当然，一些铁杆商业迷不会失去兴趣，但有些时候，我仍能感觉到他们视线的转移。所以，我会解释说，市盈率就是用当前每股的市场价格除以去年每股收益得到的股票价格。它意味着投资者需要花多少钱才能赚到一美元。这一数字越大，你为获得收益付出的也就越多。一只每股年收益一美元的、股价为20美元的股票市盈率为20，如果其他各项数字不变，市盈率为10的股票盈利能力更强，更值得投资。

精明的读者可能会说我漏掉了很多其他因素，如公司从事的具体行业（一些企业的市盈率较高），无论是往绩市盈率还是市场远期市盈率。没错，但这样的细节讨论一定会吓跑很多读者，所以，这里我选择不做这样的尝试。

我希望在你换台或关掉阅读器决定查看邮件或开始聊天前能对财经新闻和本书内容多一些兴趣。

不管你从事怎样的具体工作，他们的故事总会对你有所启发。

启　示

在过去的20年里，我采访过很多人，但在"错误"这个话题上我得到的答案是最新鲜、最与众不同的。很多商界领导人都习惯于分享他们的成功故事，所以，久而久之，这些故事也就变得越来越光鲜完美。正因如此，当股东们或记者追究起他们的责任时，这些人都非常善于为自己的过失辩护。但在谈起曾经犯过的最有价值的错误，以及这些错误留给他们的教训时，我听到了每个人完全不同的回答，这就好像在倾听一个人的秘密。从某种程度上讲，它们的确是秘密。对很多人来说，这是他们第一次公开

引 言

这样的人生经历。

我发现,听从直觉是他们反复提到的主题,在这方面他们给读者的建议仍是像他们一样听从直觉。

直觉,也就是你内心最真实的声音,指引你在正确的时间、正确的地点抓住机遇,一展才华,直觉就像指引鸟儿南飞的神奇力量。我不是心理学家,也不是功成名就的商界领袖,所以直觉一词只能留给他人来诠释了。

但在这些故事中,有一点非常有趣,那就是即使听从了直觉,也并不意味着他们的人生和事业就会从此一帆风顺,很多时候,听从直觉也会让他们的职业和生活陷入混乱。但不变的是,最后——很可能是多年以后——你会发现听从直觉没有错。原因很简单,听从内心最真实的声音会让你更加努力、更加专注。

我希望每位读者都能从这些故事中得到启示,它们将改变你对错误的认识,不管错误是大是小,你都可能从中有所领悟。任何看到我们近来面临的经济困难的人——相信绝大多数人都看到了——都可能从这些最成功的人讲述的错误及其教训的故事中获益,希望它们能帮你在事业上更上一层楼。

第一部分
传奇与领袖

很多商界领导人都取得了举世瞩目的伟大成就，他们的创业经历也为人们所津津乐道，但我们如何来定义一个传奇人物或领袖呢？

考虑到本书意图，我以他们在商界取得的成就和赢得的口碑为基础，建立了一个小小名人堂。没有人能够否认杰克·韦尔奇和约翰·柏格的出色成就，他们创造的投资产品帮助亿万个普通人走上了致富之路。即使已经离开了工作岗位，开始安享晚年，他们的贡献和成就也将永载史册。

如雷贯耳的华尔街富翁也会出现在第一部分，有人老当益壮，或许仍在发挥余热，我相信他们在金融界建立的不朽功勋将永远为历史所铭记（如罗伯特·普罗克特准确预测了1987年的股市崩盘）。彼得·林奇创立的富达公司和麦哲伦基金也一样前无古人，他当然也称得上领袖级人物了，对吗？太平洋投资管理公司的比尔·格罗斯（Bill Gross）也不例外，因为人们常称他为债券基金领域的彼得·林奇。

这里的每位传奇人物和业界领袖都有着丰富的从业经验，他们的经历和人生故事值得我们每个人静静聆听。也许你会说某人出现在这一部分有欠妥当，也有人可能会建议加入更多商界巨子，但无疑这将影响本书整体结构，作为作者，我的终极目的是希望读者了解在从业过程中这些商界名人的决策如何反映了他们的敏锐眼光和过人才智。好了，让我们听听大师们会怎么讲。

第一章

杰克·韦尔奇

通用电气集团 CEO，1980—2001
被《财富》杂志誉为"世纪经理"
化学工程专业博士

我为杰克·韦尔奇工作了四年，在他执掌通用电气（GE）期间，我还是美国全国广播公司财经频道（CNBC）的新闻主播。现在已很难回忆起当时的所有细节，但我清楚地记得全国广播公司当时在全美广播网中位居第一。周四晚上的所有节目中，NBC的电视节目是观众们翘首期盼的首选，《今夜秀》(Tonight Show) 更是家喻户晓，收视率高居榜首。全国广播公司在有线电视节目制作方面也是遥遥领先，当时的年收入已超过三亿美元，而这只是这个联合大企业集团一个部门的收入。杰克曾说："你不能卖掉自己最珍贵的海滨地产。"但自从杰克离开后，这片海滩已被慢慢侵蚀。

能成长为业界的领袖级企业并非巧合。杰克常跟我们讲，在通用他立下规矩，那就是任何部门都要做到"数一数二"，否则就被砍掉——整顿、关闭或出售。

执掌通用期间，杰克·韦尔奇实施了非常强硬的管理手段，这一点无人不知，无人不晓。他业务精通，指导有方，从市值来看，通用是纽约证券交易所最大的几家公司之一，股价和世界范围内人们对通用的感觉和认识足以证明杰克的过人才华。

从细节上看，杰克同样是一个巨人。每次遇到他，我总感觉自己是德高望重的政要或炙手可热的明星。他能在瞬间将所有注意力转移到你身上，和你对话，那一刻，你感觉全世界只有你和他的存在，谈话中他也从不东拉西扯，拖泥带水。

这或许是上天赋予他的过人之处，但同时也是日积月累的人生经历磨砺出的待人处世的态度。他的为人有口皆碑，尽管他掌管的公司在业界一路领跑，但他很久前就懂得高高在上、盛气凌人的危害。十二岁那年，有人当着杰克·韦尔奇和他朋友的面大声冲他喊"傻子"、"窝囊废"，他的内心自然很不是滋味。

这次发生在冰球比赛期间的小事激怒了杰克，几次失利后他把球杆、冰鞋狠狠地扔在地上，气冲冲地朝更衣室跑去，后来，母亲在这里找到了他，母亲的话让他终于平静下来。杰克回忆说：

> 她走进更衣室，一把抓住我，并当着在场的每个人说："你就是一个十足的窝囊废。如果输不起为什么要来参加比赛。"那次错误让我变得坚强，从此我能理智地看待输赢，看待得失。它熄灭了我胸中燃烧的怒火，

让我在以后的竞争中更加强大。

但真正帮助杰克将通用电气成功打造成全世界最大、最受推崇公司的却是多年后的另一次错误。

口述实录

杰克·韦尔奇最有价值的错误

那大概是 1963 或 1964 年,我和几位同事在马萨诸塞州的皮茨菲尔德(Pittsfield)建立了试验工厂,希望为通用电气找到一种新型塑料产品,当时我是负责人。

⚠ 不知什么地方出了问题,一天工厂的顶棚突然被掀翻。

罐上的安全锁也不见了踪影,爆炸产生的气流掀开屋顶,玻璃震落了一地,有人被划伤,所幸,没有人受重伤。

我打电话给高级主管查理·里德(Charley Reed),他是麻省理工学院毕业的博士,对科研兴趣浓厚。他带我回到纽约,我想这次完了,一定要被解雇了,但没想到他让我坐下来,耐心说道:"我们再来回顾一下实验过程。"

然后,他开始了苏格拉底式的问话:"你知道罐里的溶剂会沸腾,就应该在安装实验设备上更加仔细,我们可以这样吗？我们可以那样吗？要知道我们的问题就出在安装上，一个小火星带来了现在的问题，所以，想想该如何更得当地处理氧气问题。"

整个过程是在寻求解决问题的思路，而不是凶狠地指责杰克。查理·里德的态度就是："我们回去重新设计，等设计妥当了，再投入生产。"

⚠ 这次经历让我学到了人生中非常重要的一课，那就是不要在他人失败、沮丧的时候把他们一棍子打死。

我曾对心浮气躁和三心二意的员工提出过严厉批评，但我从未在他们失意的时候打击过他们。

⚠ 另外，从此我有了接触高层领导人的机会，没有这次错误，两三年后我也未必能遇到查理·里德，事实证明，他是我职业生涯中非常重要的一位领路人。

我们建立了良好的个人关系，从他身上我学到一定不能在他人失意落魄的时候百般挑剔、落井下石。

后来证明，这种在高温下具有很高强度的塑料前景光明、市场广阔，我也因此成了最大的受益者，它让我的事业跃上了新的台阶。但更重要的是，在整个付出心血和汗水的过程中，我通过查理·里德处理问题的方式学会了如何待人。

感谢这次错误，它教会我人生至关重要的一课，我把很多人平时很难学到的这一课称为"永不踢猫"。

杰克·韦尔奇相关介绍

杰克·韦尔奇和妻子苏茜·韦尔奇（Suzy Welch）合著的《赢》（*Winning*）高居《华尔街日报》畅销书榜榜首，同时它也是全球最畅销书之一。2001年，他的《杰克·韦尔奇自传》（*Jack: Straight from the Gut*）[与约翰·拜恩（John·Byrne）合著]跃居《纽约时报》畅销书榜榜首，而且再次成为畅销全球的企业家传记类图书。

2005—2009年，杰克·韦尔奇又与妻子一道为《商业周刊》杂志的"韦尔奇之道"专栏撰写文章，这些文章后来登上全球45家主要报纸，拥有读者800多万。近来，他又设立了杰克·韦尔奇管理研究所，这一独特的在线MBA培训项目旨在为全世界处在不同职业阶段的人们提供改变其人生的有效工具和交流未来企业管理的有效方法。

杰克是杰克·韦尔奇有限公司（Jack Welch, LLC）负责人，在这里他和私募股权公司Clayton, Dubilier & Rice密切合作，同时他也是美国InterActive Corp公司的顾问。近年来，杰克还不断为全球商界听众和学生们发表各种经营管理方面的演讲。

这位具有传奇色彩的领导人出生于马萨诸塞州的萨兰姆市（Salem），1957年获得马萨诸塞大学化学工程学士学位，后又获得伊利诺斯大学化学工程博士学位。1960年，杰克加入通用电气塑胶事业部，1981年，年仅45岁的杰克成为通用电气公司第八任、也是最年轻的一任董事长和首席执行官。在他管理通用的20多年间，公司市值从130亿美元飙升至4000亿美元。2000年，他被《财富》杂志誉为"世纪经理"。

你还可以在杰克的个人网站（www.welchway.com）上读到他分享管理之道的更多内容。

第二章

约翰·柏格

创办了世界上第一档股票指数共同基金
2004年,被《时代》杂志评为全世界最具影响力的100人之一
1999年,被《财富》杂志誉为20世纪四大投资巨人之一

如果工作上出了问题,我们很少听到人们抱怨自己或主动在自己身上找原因。但约翰·柏格对曾被撤职的经历丝毫没有隐瞒:

> 可能是我过于投机、自信过头、没有经验,甚至有些自负。所有这些都是我现在不愿看到的,在以后的工作中,我会尽力摆脱它们对我的干扰。

他不是一个胆小怕事、畏首畏尾的人。
如果你是一位百老汇制片人,想将投资之神搬上舞台,可以

想象到面试演员在听到杰克·柏格的大名后一定会有所迟疑。他并非神灵，但毫无疑问，他是大家公认的投资传奇。20世纪70年代，他成立了先锋集团（Vanguard Group），创办了世界上第一档指数型基金。

"我是一个要求非常苛刻、非常固执己见、意志坚定，而且有着丰富经验的经理人。我对历史异常痴迷，也常边走边思考，有相当把握后才做出最后决定。每当有人问'这一点你考虑过吗？'，我都会发现它是我曾经深入思考过的问题之一。"

事实上，在约翰·柏格成立了先锋集团，创办了世界上第一档指数型共同基金后，美国人的投资方式也随之发生了重大变化。

柏格自豪地讲道："先锋的意思是'新趋势、新潮流的引领者'，我以英国海军将领纳尔逊（Nelson）在尼罗河的战役为我的公司命名。《纽约时报》曾称它为'千年海战'。纳尔逊击碎了拿破仑要在印度建立帝国的美梦，在他的带领下英国未失一舰，而且摧毁了整个法国海军。"

指数型基金的优点在于分散风险、费用低廉。在一定程度上，指数基金的风险是可以预测的，这是它和短期资本经营最大的不同。历史证明，大多从事短线的资本经营者很难在股市中轻松获利。

指数基金广泛分散投资，任何单个股票的表现发生波动都不会对指数基金的整体表现构成大的影响，另外，指数基金采取持有策略，不用经常换股，所以其费用远远低于积极管理的基金。正因如此，20世纪90年代，指数基金成了几百万美国人投资的主要形式。可以说，它的业绩胜过了所有其他管理基金，时至今日，它的表现仍强过 70% 的管理基金。

杰克（约翰·柏格的昵称）创办了世界上第一档指数型基金，但它的诞生和一次错误密切相关。

那是 20 世纪 60 年代末，当时，他是惠灵顿基金（Wellington Fund）的掌管者，该基金提供保守、谨慎的投资服务。柏格和董事会决定与波士顿一家咨询公司合并，因为这家名为桑代克的公司提供更有力的资金管理服务，这将帮助惠灵顿基金扩大产品，并能使其更多投入到积极管理基金方面。

业务的拓展为公司创造了丰厚利润，这些利润又由投资经理积极管理，并汇报给当时出任惠灵顿管理公司（Wellington Management Company）总裁兼首席执行官的杰克·柏格。这是市场非常活跃的 20 世纪 60 年代。二战后美国迎来了婴儿潮的一代，股市也一路强劲。

但好景不长，70 年代初股市陷入泥潭，惠灵顿的资产大幅缩水。据杰克·柏格讲，当时约有 70% 的资产缩水。

口述实录

杰克·柏格最有价值的错误

1974 年 1 月，股市下跌造成严重亏损，柏格在董事会上被投票撤职。

⚠ 他们拥有更多选票,他们把自己的朋友都拉进惠灵顿管理公司董事会。那个时候我没有考虑过政治因素,我知道在他们看来我很幼稚。那时我完全忘记了自己在普林斯顿大学的毕业论文中总结的历史教训。

我仍是惠灵顿基金总裁,但董事会禁止我插手投资管理与分配的工作。从此我的用武之地仅限于普通行政工作,而其他人则可以从事投资、咨询、分配和营销的工作。

他们给我的是公司最糟的一块——行政工作。别误会,行政也是非常重要的工作,需要高度负责、绝对出色的人来完成。只是我对这种工作丝毫提不起精神。

所以,无论如何我必须负责投资管理。

我告诉董事会:"我们要为基金的股东负责,要控制基金的运作方式。"我引进破产理论:"我们要在每个环节上充分发挥作用,否则只能走向破产。"没有好的财务管理最终也会破产,没有每天对价格的讨论、对赎回的得当处理也要面临破产,如果不能发行新股也将遭遇同样的结果。这是我们应该做的,因为我们是一个投资管理公司。

⚠ 话音刚落,几位董事几乎同时起身说:"稍等——你无权过问投资管理事务,这是我们投票决定的。"

我无路可退:"那好,我退出!"僵局终于被打破。

缺乏诚意是吧?也许是,但为了更有价值的事业,我情愿退出。

他们犯了战术性错误，以为我无法在双骰赌桌上捞回扑克桌上的损失。

1975年5月1日，先锋开始运作，9月起，我建议推出全球第一档指数基金。

为什么？首先，它能让我再次从事投资管理；其次，在投资行业先锋推崇低成本投资。所以，指数基金是首选，很可能也是最佳选择。指数基金锁定的指数一般都具有较长的历史可以追踪，因此长远来看，指数基金自身就能够避免遭遇不可预测的风险。

1976年，我们推出了全球第一档指数型基金，我记得直到1984年其他公司才相继出现指数基金。

先锋在该行业的资产市场占有率从那个时候的1%跃至今天的10%以上。这10%的增长在管理的资产上接近于8800亿美元（至2009年12月31日，由其管理的共同基金已高达1.3万亿）。

⚠ 我一生中最有价值的一次错误也是我犯过的最大错误。虽被撤职，但我获得了新生，有了更好的学习机会；虽然丢掉了工作，但我创办了先锋集团。

约翰·柏格相关介绍

现年80岁的约翰·柏格是先锋集团创始人，也是柏格金融市场研究中心（Bogle Financial Markets Research Center）总裁。他于1974年另起炉灶，成立了先锋集团，出任集团总裁兼首席执行官直至1996年。2000年，柏格卸任先锋集团资深总裁。1951年起，柏格就在先锋的前身——惠灵顿基金工作，1967—1974年出任该公司董事长。

先锋集团是全世界最大的两家共同基金组织之一，其总部设在宾夕法尼亚的莫尔文（Malvern）。公司旗下管理着一百多支共同基金，当前管理的资产总额约为1万亿美元。全世界最大的单个基金——先锋500指数基金是约翰·柏格于1975年开创的，它也是全世界最早的指数化共同基金。

教育

1947年，以优异的成绩毕业于布莱尔学院（Blair Academy）
1951年，以优异的成绩毕业于普林斯顿大学经济系

荣誉学位

乔治城大学（Georgetown University）
普林斯顿大学（Princeton University）
依马库雷塔大学（Immaculata University）
宾夕法尼亚州立大学（Pennsylvania State University）
特拉华大学（University of Delaware）
罗切斯特大学（University of Rochester）
新学院大学（New School University）
萨斯克汉那大学（Susquehanna University）

东部大学（Eastern University）

威得恩大学（Widener University）

奥尔布赖特学院（Albright College）

德雷塞尔大学（Drexel University）

约翰·柏格本人著作

1. *Bogle on Mutual Funds: New Perspectives for the Intelligent Investor*（Irwin，1993）.

2. *Common Sense on Mutual Funds: New Imperatives for the Intelligent Investor* （John Wiley & Sons，1999; Fully Updated 10th Anniversary Edition，2009）.

3. *John Bogle on Investing: The First 50 Years*（McGraw-Hill，2000）.

4. *Character Counts: The Creation and Building of The Vanguard Group*（McGraw-Hill，2000）.

5. *The Battle for the Soul of Capitalism*（Yale University Press，2005）.

6. *The Little Book of Common Sense Investing: The Only Way to Guarantee Your Fair Share of Stock Market Returns* （John Wiley & Sons，2007）.

7. *Enough : True Measures of Money，Business，and Life*（John Wiley & Sons，2009）.

有关约翰·柏格的著作

John Bogle and the Vanguard Experiment: One Man's Quest to Transform the Mutural Fund Industry, by Robert Slater（Irwin, 1996）.

获奖情况

获国会颁发的经济教育远见奖（2007）。

获旧金山金融分析师协会颁发的杰出演说奖（2007）。

获卓越企业中心颁发的模范领导人奖（2006）。

因在财政报告方面的杰出贡献获柏克莱奖（2006）。

获切斯特郡营业厅颁发的名人奖（2006）。

获美国国际财务与金融管理学会颁发的杰出金融管理奖（2005）。

第三章

彼得·林奇

1977—1990年，出任富达公司麦哲伦基金经理人
普及了"不了解，不投资"的法则
著作有《彼得·林奇的成功投资》和《战胜华尔街》

在波士顿办公的彼得·林奇（Peter Lynch），既是投资大师又是富达投资公司（Fidelity Investments）投资组合经理人。

"我想一位老基金经理人就是这样，是投资大师。"他笑了。

不是每位基金经理人都能成为投资大师，如果你1977年在富达的麦哲伦基金投资了1000美元，到1990年林奇从基金管理者的位子退下来时，你的投资回报就已经攀升至28000美元。不过如此，是吗？这样说吧：如果你在他出任经理人的时候把自己10万美元的个人退休金投向他的基金，在不追加分文投资的情况下，13年后你将获得280万美元的收益，提前退休不见得是件坏事，对吗？

林奇的麦哲伦基金发展迅猛,资金平均每年增值29.2%,13年间有11个年头都超过了标准普尔指数。林奇说:"我爱它,做这一行乐趣无穷。我总感觉时间太少,一周7天一天24小时投入其中都远远不够。"

和林奇聊天时,你能感觉到他总能充分利用每分每秒,如果他讲话的速度能够反映他的思考速度,可以想象到他为自己的研究付出了多少心血。他说:"我有一个小小变速器,这个变速箱已经工作过度,无法正常运行,所以也就不能再管理基金了。"

目前,林奇是富达公司的研究顾问,定期与公司基金经理见面,为他们提供在变化莫测的金融领域成功投资的建议和方案。

林奇的过人之处在于,他总能把复杂的事情简单化:

> 你应该在最多两分钟内清楚无误地向一个八岁或八岁以下的孩子解释你想要什么以及想要它的原因,如果做不到,那你就麻烦了。

当华尔街到处都是读图、盯图的技术分析师和用电脑回测各种理论以在资产负债表上找到突破口的量化基金经理人时,林奇的方法显得既简单又让人耳目一新:

"收益和股票有着100%的关系,这不同于买彩票,在每一只股票的背后都有一个实实在在的公司,如何这个公司业绩突出,它的股票就不会太差;相反,如果一个公司的经营一团糟,它的股票也同样会一团糟。"

林奇回忆说迈克尔·戴尔(Michael Dell)曾向他请教,让他

第三章 彼得·林奇

预测一下戴尔股票的未来走势。

"我记得大约七八年前我们正在开一次重要会议,有人径直走上台来问戴尔:'你的股票前景如何?'戴尔的目光转向我说:'你为什么不直接问林奇先生呢?'我就坐在下面的观众席上,我说:'如果在接下来的五年里你的经营收入非常可观,那你的股票一定没问题,如果你的盈利很有限,股票前景也会跟着滑坡。'"

林奇认为眼观八方、抬头看路至关重要,这有助于在华尔街找到新的机遇。"不了解,不投资"是林奇很经典也很实际的一句忠告,例如他曾买过一家制袜公司的股票,这是因为他的妻子买过这家公司的长筒袜并对它们赞不绝口。从他的投资史上我们可以听到很多家喻户晓的名字,但他初次投资时这些名字并非人人知晓:绮丽酒店(Chili's)、邓肯甜甜圈(Dunkin's Donuts)、驻步购物连锁店(Stop & Shop)等。

"我错过了沃尔玛,如果当时能在阿肯色州多待一段日子就好了,很可惜我没有看到那些店,"他说,"一定要了解自己买了什么,否则股市下滑时你很难挺得住。"

尽管林奇一直在寻找具有领导风范的企业,但他从不将所有赌注押在这些企业身上。很多人都熟悉他讲过的这样一句话:

"可以投那种傻子都可以经营的企业,因为有一天这些公司很可能真的会由傻子来经营。"(注:强调公司本身利基的重要性)

长期以来,林奇努力实现的目标之一就是发现一只可以翻十倍的股票——"十倍股"。

尽管他的选股技术赫赫有名，但也不能确保百发百中。

"要灵活，丢掉偏见，从错误中吸取教训。"他说。

每年29.2%的增值成绩似乎意味着万无一失的投资，但即使是林奇这样的投资大师，也难免犯错。

口述实录

彼得·林奇最有价值的错误

那大概是1982或1983年，我在亚特兰大参加罗宾逊·汉弗莱大会，会议结束后我去了家居公司家得宝。他们已经从四个店发展到了当时的六个店，而且所有店都开在亚特兰大。公司的真正经营者阿瑟·布兰克（Arthur Blank）出任总裁。我去了六家店中的四家。

⚠ 我买了他们的股票，但很傻，两年后就全卖掉了。没想到后来这只股票翻了25倍。

十次投资有六次获利已属不易，但我们总希望成功的次数能不断上升。投资过程中难免失误、犯错，但如果你投资的股票可以翻三倍、五倍、二十倍，那些已经缩水一半的股票也不会带来很大损失，一定不能放过任何一只利润丰厚、前景广阔的牛股。

我很早就考察了家得宝，只可惜没有持续跟踪，想想真是

第三章 彼得·林奇

很傻,在我卖出后,这只股票一路走高,翻了约五十倍。

我在家得宝翻了三倍后就出手了,简直是愚蠢至极,如果能持续关注就好了。要知道他们后来有了 20 家店,再后来又发展到了 40 家,到现在已经有整整 400 家店,无人能望其项背……。他们有一流的产品,良好的资金运转——我本不该抛售那些股票。它完全可以为我带来十倍的获利。

直到现在,我还在思考当时自己到底在想些什么。

有很多业绩突出的公司,如 Au Bon Pain,也就是后来的帕尼罗面包连锁店(Panera Bread),它们的股票不断翻倍,我持续跟踪,坚持持有,还有像驻步购物连锁店、邓肯甜甜圈、拉昆塔汽车旅馆(La Quita Motor Inn)、塔可钟(Taco Bell),还有其他很多一流公司的股票我都没有轻易抛售,唯独错过了家得宝……。

⚠ 那是 1989 或 1990 年,沃伦·巴菲特打来电话说:"我正在做年度财务报告,想引用你书中的一句话——'卖掉获利的优质股而留着不断下行的其他股就有如剪掉正在怒放的鲜花,而去浇灌茂密的杂草。'"我很爽快地回答:"没问题,你引吧!"我自己犯的正是这样的错误:剪了花朵,浇灌了杂草。

家得宝是难得的一流公司:优异的资产负债表、良好的经营记录、丰厚的回报。它的赚钱速度惊人,员工们个个积极投入。我卖掉家得宝股票的时候,这家家居公司只在美国的两

21

三个州开有分店，但很快它的分店就遍及各州。

提问：你本该怎样"持续跟踪"？

我应该每半年去一趟家得宝，或和一些华尔街分析师保持电话联系，或每三个月打电话给家得宝公司，了解它们的最新发展形势——经营状况如何？是否开拓了新的市场，老店盈利情况如何？这都是公共信息，你只要持续跟踪就行。没有任何技术难度，只需要问："你们有没有增加新的销售部？哪些部门较弱？你们的竞争对手是谁？"那时，很多商店都类似于规模很小的夫妻店，像家得宝那样的大型自助商店屈指可数。他们的确为顾客提供了非常便捷的购物体验。

提问：现在想起来，你还会很后悔吗？

不，但它教会我一点，那就是如果自己的决定是正确的，就应该留住获利股。一生中，买到十倍股的概率不是很高，万不可得而复失。家得宝是25倍股，30倍股，最早它还不到1美元，1983年的时候它的售价为25美分，后来却从25美分飞涨到了50美元。

这次经历告诉我，如果你投资的的确是非常出众的公司，就一定要持续关注，并问自己：未来它们能否保持竞争优势，它们是否胜过家庭经营的小型店？在国内它们是否已遥遥领先，难逢对手？当前各店的经营和业务是否还在拓展，还有没有持续发展的空间？

握紧它，持续跟踪，持续关注，但不要死钻牛角尖。因为股票上涨并不意味着它在未来还会有更大上涨空间，持有它，就必须找到持有它的强有力的理由。这只股票很可能翻了 100 倍，因为它们的经营利润翻了 100 倍。

⚠ **不要急于出售获利股，继续跟踪，这个投资故事到今天我想仍然能给我们很多启发。**

彼得·林奇相关介绍

彼得·林奇目前是富达管理研究公司（Fidelity Management & Research Company）副主席——富达共同基金投资顾问，也是富达基金咨询委员会成员。富达投资是美国最大的共同基金公司，提供规模最大的在职人员退休储蓄计划，拥有最大的共同基金市场，是美国主要在线经纪公司之一，也是最大几家为金融专业人士提供保管和结算业务的公司之一。林奇先生是富达麦哲伦基金的投资组合经理人，1977 年 5 月到 1990 年 5 月的短短 13 年间，麦哲伦基金在林奇的掌管下成长为世界上业绩首屈一指的基金。林奇 1977 年接管时，麦哲伦基金的总资产为 2000 万美元，在他 1990 年主动辞去基金经理人职务时，其资产已飞涨至 140 亿美元，基金投资人超过 100 万。1983 年，麦哲伦基金一跃成为全球资产管理金额最大的基金，在接下来的七年里它的业绩也远远超过了其他基金。

林奇 1969 年进入富达，成为研究分析师，后被任命为研究部主任。在富达的 13 年间，他曾是富达投资公司总经理，富达管理研究公司执行副总裁兼董事，成长权益基金负责人。林奇的第一本著作非常畅销，名为《彼得·林奇的成功投资》(One Up on Wall Street)，第二本《战胜华尔街》(Beating the Street)连续八周高居《纽约时报》畅销书排行榜榜首。目前，两书均已被译成多种文字——日语、瑞典语、韩语、德语、西班牙语、法语、波兰语、希伯来语、葡萄牙语和越南语。1995年，林奇合著完成了《学会赚钱》(Learn to Earn)一书，书中总结了投资、创业的基础知识，它是一本通俗实用的初学指南。

加入富达前，林奇是美国陆军中尉。

林奇先生出生于1944年，1965年毕业于英国波士顿学院(Boston College)，获理学学士学位，三年后又于宾夕法尼亚大学沃顿商学院(Wharton School)取得工商管理硕士学位。1994年，林奇被沃顿学院评为"杰出校友"。他是美国人文与科学学院(American Academy of Arts and Science)研究员，波士顿证券分析专家协会(Boston Society of Security Analysts)会员、前会长。

另外，林奇也是各种其他社团和非营利性组织的积极参与者，他的努力为他在1992年赢得了全国天主教教育协会颁发的"塞顿奖"，1993年马萨诸塞禁止虐待儿童协会颁发的"家庭奖"和1997年联合慈善总会颁发的"领导人奖"。今年是他担任内城奖学金基金会(Inner City Scholarship Fund)主席的第二十个年头，在他的努力下，该基金会为波士顿市内和天主教学校的孩子们募集到了7000多万美元的奖学金。

同时，林奇也是多种专业奖的获得者，并成功进入《财富》杂志和电视节目"华尔街一周"评选的"商业名人堂"。

第四章

比尔·格罗斯

太平洋投资管理公司的缔造人之一（PIMCO）
管理着全球最大的债券基金——PIMCO总回报债券基金
他和他的团队1998年、2000年、2007年三度被国际权威评级机构晨星（Morningstar）评为"年度固定收益经理人"

普通人对债券了解不多。它是政府、金融机构、工商企业等直接向社会借债筹措资金时，向投资者发行，并承诺按一定利率支付利息并按约定条件偿还本金的债权债务凭证。这一解释或许有用，但听起来很乏味。

但比尔·格罗斯不是普通人，在他看来，债券和拉斯维加斯赌桌上的各种赌博一样复杂精细、激动人心。他曾在赌桌前一坐就是16个小时，但也正是在和对手及游戏规则较量的过程中他才学会了如何管理世界上最大的债券基金——PIMCO总回报债券基金。他说：

第一部分 传奇与领袖

> 赌博让我有了风险和回报感,直到今天,我仍时刻都能感受到风险和回报的并存。

无聊的债券和炫目的拉斯维加斯有关系吗?当然有。

拉斯维加斯的赌博经历是比尔·格罗斯一生教育不可或缺的一部分,他从那里学会了忍受枯燥,学会了如何成为一名短期资本经营高手。

太平洋投资管理公司的缔造者比尔·格罗斯出生于俄亥俄州的米德尔顿(Middletown),从美国杜克大学(Duke University)的心理学专业毕业后,20世纪60年代中期应征入伍,成为一名普通海军。

"服役结束后,我来到加州大学的洛杉矶分校学习,取得了工商管理硕士学位,我希望自己能成为一名股票经理人,但运气不佳,没有公司聘用我。"他回忆道。

"后来,我迷上了一家名叫太平洋共同基金的公司,他们正打算筹建一个小的子公司——太平洋投资管理公司,子公司可以管理500万美元的共同基金。这是一次难得的机会,我毫不犹豫地加入了。"

现在的格罗斯是总回报债券基金的投资组合经理人,掌管着2000亿美元的资产。他参与缔造的小小子公司 PIMCO 现在已拥有员工1200名,资产750亿美元左右。格罗斯本人则被《福布斯》列为全球最富有的人之一。而他今天的财富和成绩都离不开那次春季巴哈马(Bahamas)之行,当时他浑身上下只有50美元。

在巴哈马的首都拿索(Nassau),格罗斯除了想用他的50美元"买啤酒,找女孩子玩以外,并没有找到更好的用途"。但这里有几家生意不错的赌场,几杯啤酒下肚后,格罗斯也忍不住坐到了赌桌前。

"他们的游戏看起来并不难,说不定我也能在五分钟内让自己的收入翻倍。"

但事与愿违,不仅没有赚到钱,反而投进去的也没有保住,但无论如何,这成了格罗斯迈向亿万富翁的非常重要的第一步。

口述实录

比尔·格罗斯最有价值的错误

大约五分钟后,50美元就已经不属于我了。身无分文,我只好和周围的同伴讨酒喝,看来也不可能约到女孩子了。

回到杜克大学不久,一场严重的车祸让我的头部受到重创,四年级第二学期的大多数时间里我只能待在医院,接受植皮治疗。

为了打发漫长而无聊的时光,我在医院书店里买到一本名为《庄家与取胜之道》(Beat and Dealer)的书,它的作者艾德·索普(Ed Thorp)是最早揭秘赌桌算牌法的人,书中提供了决胜秘笈。

想想丢掉的50美元,我决心悉心研究,几个月后终于对书中的理论和各种秘笈有所领悟,在此基础上,我又不厌其烦地一次次进行试验,测试书中的方法是否真正有效。

第一部分 传奇与领袖

到大学毕业的时候，我已经开始赚钱。1965年，从毕业到去海军报到还有四个月，为了充分利用这段时间，我选了无须经过多轮选拔的海军飞行员方向。

带上毕业前父母寄来的200美元，我迫不及待地匆匆赶上一列从北卡罗来纳去往拉斯维加斯的火车。

终于到了目的地，在接下来的四个月里，我一周七天都在赌场度过，而且每天一坐就是16个小时。没有朋友——我的意思是，谁又愿意和我踏上这样的赌徒之旅呢？当然，身边也没有一个女性朋友。我住在一天6美元的小旅馆，起床洗漱，然后径直赶往赌场，16个小时后回来睡觉，如此往复，坚持了整整四个月。

⚠ 上赌桌的结果是，我的200美元变成了10000美元！这听起来很诱人，但等我仔细计算后才发现每小时也就挣5美元，但无论如何，我赢了，我掌握了游戏规则，了解了整个赌博运作系统，能很好地把握概率，不像以前在拿索，一无所知。

拿索的失败和拉斯维加斯的成功使我开始思考——三年的海军服役给我足够的时间认真思考——如何将我的数学天分、概率、计算、风险评估等用于将来的工作，创造更多财富。

尽管在杜克大学我读的是心理学专业，但离开海军后，自己真正想做的却是成为投资管理人，管理共同基金，这在那个时候就意味着和股票打交道，因为当时债券还没有进入人们的思维。

第四章 比尔·格罗斯

离开海军,我踌躇满志,希望很快能成为一名投资组合经理人或共同基金管理人,只有这样才能充分利用学到的技能,干出一番大事业。

⚠ **所以,最初在拿索赌桌上犯下的错误让我来到了拉斯维加斯,拉斯维加斯的成功又让我攻读了工商管理硕士,在学校学到的知识、技能又让我来到了太平洋共同基金,继而有了太平洋投资管理公司,有了20世纪70年代债券市场的初步发展,有了债券交易,我正好就在那里,在正确的时间、正确的地点。**

太平洋共同基金当时是一个寿险公司,规模很小,它的债券数额远远超过了股票数,所以我决定太平洋投资管理公司将瞄准债券管理,就这样,我终于找到了用武之地。

提问:为什么你会一直念念不忘当初在赌桌上损失的50美元?

因为我讨厌失败,讨厌愚蠢的失败。我知道我应该打有准备的仗,我本可以做得更好。

⚠ **拿到那本书后,我想书中说得对极了,我应该控制赌博系统而不是被它控制。**

提问:但赌牌计算法又和管理资金有着怎样的联系呢?

它们如出一辙。赌牌中用到的是凯利计算法(Kelly

System），而正是在这一方法的基础上才有了后来20世纪七八十年代非常流行的布莱克—斯科尔斯期权定价法，给出这种方法的罗伯特·莫顿（Robert Merton）和迈伦·斯科尔斯（Myron Scholes）也因此获得了诺贝尔经济学奖。

索普是有关风险管理的理论，凯利计算法是期权理论的雏形，读MBA期间，我的硕士论文就写了凯利风险计算法，文中我将这种方法用于可转换债券和股票风险套利的计算。所以我掌握了风险和回报的基础知识以及它们的微妙关系。当我拿到资金可以管理债券市场时，我非常清楚应该在哪个行业或哪个公司投资多少，同时它又会给我带来多大风险。

它让我认识到风险和回报的并存，直到今天，我仍深信有风险就一定有回报。

要做好一件事，就一定要记住：你不仅要了解规则，同时也要了解输赢的概率，这一点我仍在学习中。

比尔·格罗斯相关介绍

比尔·格罗斯是太平洋投资管理公司（PIMCO）的共同缔造者，在纽波特（Newport Beach）办公的他既是总经理又是信息主管。时至今日，他已在PIMCO工作了38年，管理着8000多亿美元的固定收入证券。与此同时，格罗斯发表了一系列有关债权市场的文章，他的著作《投资拒绝盲从》（*Everything You've Heard about Investing Is Wrong*）于1997年出版。美国众多书籍、文章和媒体报道中总会提到他的名字，格罗斯曾获得多种奖项。1998年、2000年和2007年他和他的投资团队三次被晨星评为"年度固定收益经理人",他也因此成了多次获得这一殊荣的经理人。晨星评价说,格罗斯展现了"非凡的投资技能,他不迷信、不盲从、勇敢果断、全心全意地致力于为投资者谋取持久、出色的回报。"2000年,格罗斯先生获得美国债券市场协会颁发的"杰出服务奖"。1996年,因为他为固定收益分析和证券投资管理所做的突出贡献而进入固定收益分析师协会设立的"名人堂",他也是第一个获此殊荣的投资组合经理人。杂志《养老与投资》(Pensions & Investments) 1993年进行的一项调查显示,格罗斯被同行们公认为美国最有权威的债券市场经理人。他在杜克大学拿到了学士学位,又在加州大学洛杉矶分校的安德森商学院获得工商管理硕士学位。

第五章

威廉·奥尼尔

《投资者商务日报》的创办者
CANSLIM 选股模式的发明者
当时最年轻的一位买下纽交所席位的人

具有传奇色彩的加州大学洛杉矶分校篮球教练约翰·伍登（John Wooden）在每一季篮球训练开始前都会先教队员们如何穿好袜子，系好鞋带。

威廉·奥尼尔——资深投资人，《投资者商务日报》（Investor's Business Daily）的创办者——喜欢那样的仔细和专注。"约翰·伍登是希望队员们在比赛前扫清任何一个哪怕很小的取胜障碍。"

奥尼尔并不把这样的训练仅仅看作防止脚趾起泡，或因鞋带松开而导致比赛失利的篮球训练方法；相反，在他看来，这是任何旨在取胜的人必须牢记在心的秘诀。"伍登说第一名和第二名的区别就在于对待每个细节的不同态度上。"

细节。作为篮球教练,伍登的水平无人能及,同样,奥尼尔在他的投资生涯中表现出的非凡的创新意识、取得的突出成就和对后人的影响也一样无人能及。

或者说他对细节的专注无人能及。

奥尼尔在德克萨斯长大,很小的时候他就喜欢上了创业,那时他去南帕诸岛(South Padre Island)卖三明治,他回忆说,"我发现在离海水近的地方,三明治很容易受潮。"

细节。这正是他的威廉·奥尼尔公司能够收集到庞大的自19世纪80年代以来的所有股票信息的原因。"我们看到,股票市场上几乎没有真正的新东西,历史会不断重演。1910年、1930年、1950年的图形模式和现在没什么两样,"他说,"唯一的区别在于,以前是J.P.摩根和爱德华·哈里曼(Edward Harriman)等人推动了股市上涨,20世纪30年代以来,表现不俗的共同基金则成了左右市场的主要因素,但图形模式的确没有发生变化。"

细节。专注于细节是奥尼尔在1984年成功创办《投资者商务日报》的原因[最初名为《投资者日报》(*Investor's Daily*)]。"我拿起《华尔街日报》,但并没有找到我需要的信息,也没有我认为至关重要的金融内容。它们套用了旧有的美联社报道形式,缺乏新意。"

比尔·奥尼尔并没有仅仅停留在收集和发布信息上,他决心给出自己对信息的独到阐释。

"我们分析了从20世纪80年代到现在的股市盈利模式,考查了所有变数,所有基本因素——收益、股本回报率、产品,紧接

第五章 威廉·奥尼尔

着我们又开始研究所有技术手段。我们提供所有不同变数的综合分析：担保、行业状况、产品情况。我们立下规矩，要清晰地告诉投资者一只龙头股具备哪些特征。

"我们所做的一切并非完美，出错在所难免，但我们有这样的规矩：如果犯了错，就要很快找到原因，继而投入到新的工作中。"

事实上，奥尼尔在收集、分析以往数据的基础上发明了一套独特的名为 CAN SLIM 的选股模式，这一策略建立在以下信息基础之上：

C：Current earnings（最近收益）

A：Annual earnings（年度收益）

N：New product or service？（有无新产品、新服务？）

S：Supply and Demand（based on volume）（流通股本）

L：Leader or laggard？（领涨股还是落后股？）

I：Institutional ownership（大型投资机构的青睐）

M：Major market indexes and their trends（关注大盘指数的波动和走向）

这一策略是奥尼尔长期研究，不断对比几千种成功股票并结合自己的投资经验总结出来的。

"我们的第一准则是：当你的股票损失达到 7% 或 8% 时，迅速卖出，无一例外。或许这只股票还可能震荡反弹，但另有 50% 的概率则可能是一路下滑，它将使你的损失上升至 70%，所以，如果坚持持有，损失将会非常惨重。"

在股票投资上，很多人建议"低买高卖"，对此，奥尼尔有着自己的认识，他更推崇"高买，更高卖出"的理念。通过长期的数据收集和分析，奥尼尔发现应该买入品质好、价格高的股票，而不应选择建立在旧有理念"低买高卖"基础上的便宜货。适时买入只是股票投资的一部分，同样重要的另一部分则是懂得何时卖出。奥尼尔说道：

没有人知道何时卖出获利更高。

"我们研究了优质股票的顶部形态，总结出一些可行准则，我相信'高买，更高卖出'没有错。获得顶部形态的信号之后，你就要开始寻找有效的底部信号，这些信号可能会在几周或几个月后才会出现。"

奥尼尔开设了讲习班，在这里，他教人们如何在现实操作中正确应用 CAN SLIM 投资策略。从 1998 年到 2009 年 12 月 31 日，各种机构和投资专家共推出颇具影响的股票投资方法 50 多种，但只有奥尼尔的 CAN SLIM 策略被美国个人投资协会评为最实用有效的投资方法。

CAN SLIM 投资策略的成功也是《投资者商务日报》能够幸存至今的主要原因。目前在美国，很多报纸、刊物都因读者群的锐减而纷纷倒闭，而《投资者商务日报》却广受欢迎。该报仅有 20%~25% 的收入来自于广告，其余收入贡献均来自于订阅者和 CAN SLIM 选股策略讲习班。

有趣的是，和奥尼尔对话时，你能从他的眼神中强烈地感受到这样的信息，那就是在他看来选股和阅读《投资者商务日报》

带来的不仅仅是投资上的收获,更重要的是,它们教给你人生的成功秘诀。有多少报纸可以透露给你"成功的秘诀"?

《投资者商务日报》总结的10大成功秘诀

《投资者商务日报》几十年来坚持分析各行各业的领军人物和成功人士,他们发现,如果能将以下10种特点结合起来,任何人都可以迎来梦想实现的那一天。"在讲习班上,我们每天侧重于其中一项。"奥尼尔说。

1. **态度决定一切**:保持积极乐观的态度,思考如何能够取胜。警惕消极、悲观的环境。
2. **确定目标和梦想**:写下你的具体目标,制订计划,实现它们。
3. **采取行动**:没有行动的梦想毫无意义,克服恐惧,现在就开始行动起来。
4. **坚持学习**:去学校或坚持读书,抓住培训机会,获取新技能。
5. **勤奋努力,坚持不懈**:成功之路更像马拉松比赛而不是全速短跑,坚持,不要放弃。
6. **关注细节**:获取所有数据,所有事实,从错误中吸取教训。
7. **集中时间,集中金钱**:不要让其他人、其他事分散你的注意力。

8. **勇于创新，敢于不同**：追随他人无疑将使你流于平庸。
9. **学会交流**：没有人愿意生活在远离大陆的孤岛上，学会理解，学会激励他人。
10. **真诚负责**：如果少了真诚和责任心，以上所有秘诀都无从谈起。

或许正是因为对股票和生活的专注，奥尼尔才能不仅密切关注过去的数据、信息，更能高瞻远瞩、放眼未来。无论股市怎样起落变化，他总是满怀信心、充满希望。他解释说：

> 我们对股票市场的 26 个周期做了深入研究，发现每个周期的引领者总是创新者、大胆的企业家和诸如铁路、飞机、广播、汽车、电梯等各种新的发明。

"今天，起领头作用的则是互联网和半导体，将来还会出现更多令人欣喜的增长领域。技术发展会更强劲，不管谁来做投资，自由和机会都在那里，你总能凭借智慧找到自己想要的东西。

"每一个周期都会出现新的领域，出现技术进步和创新元素。互联网的发展仍处在最初的萌芽阶段，它是带动美国经济发展的主要动力。"

《投资者商务日报》提到的"成功秘诀"中的第六条和本书密切相关，那就是"关注细节：获取所有数据，所有事实，从错误中吸取教训"。

奥尼尔身体力行，在自己总结的成功秘诀的帮助下开启了成功的人生。

1958年,奥尼尔开始了他的股票生涯,在此过程中总结出了适时买入获利股的投资原则。1961年,奥尼尔已经成了大家公认的选股高手。两年后,这位30岁的年轻人买下了纽约证券交易所的席位,接着又创办了威廉·奥尼尔公司,该公司开发了第一个计算机化的每日证券数据库,用以跟踪1000多家公司,200多个数据项的数据。

但如果没有当年所犯的珍贵错误,奥尼尔很可能不会取得今天如此辉煌的成就。

口述实录

威廉·奥尼尔最有价值的错误

我开始研究图形,我记得当时自己买了布伦瑞克(Brunswick)、大西部金融公司(Great Western Financial)等几种在20世纪60年代初涨势良好的股票。从买入时间和买入方式上看,我把握得非常得当。一天天过去了,我的盈利开始变得很可观。

⚠ **但当股票出现顶部形态时,我持有的时间过长,丢掉了所有盈利。**

我沮丧极了,胜券在握的投资功败垂成,是我搞砸了这一切。买入的时间无可挑剔,但我又如数交回了所有收益。

所以,在接下来的几个月里,我专心致志地研究了前一年买入的每只股票的所有细节。我用红笔在图上标出了自己买入和卖出的时间,然后又在另一张大稿纸上描画出这些股票的具体走势——价格、总量变化——当时的确分析了很多以前从未注意过的细节。

⚠ **这是非常惊人的工作,但最后我终于明白什么地方出了问题:我掌握了买入的绝佳时机,却不懂得适时卖出。**

这是我以前从未意识到的,从此,我开始研究卖出策略,考虑如何在股票下行前获得最佳收益。通过比对数据,我发现在市场出现顶部形态时,所有这些股票也开始出现顶部形态。所以,我认为在一般市场活动中也应把握正确的买入卖出原则。

⚠ **只懂买入不懂卖出就好像一个网球手只会正手回击而不会反手扣球。**

这让我想起了另一次失败经历。有一年我买了瑟登帝(CertainTeed)的股票,连涨一段时间后,股票开始大幅回调,在涨幅达到大约2%后,我毫不犹豫地卖出了。但始料未及的是,瑟登帝很快扭转颓势,飞速上涨,股价迅速翻了两倍、三倍。为了不犯同样愚蠢的错误,我深入研究它的走势,记录下了新的投资准则。

这条准则就是：如果你在适当的时间买入某只股票，它在三周或三周不到的时间里就已经上涨了20%，那你必须拿稳它，再坚持五周，重新评估。这种情况并不常见，但你要记住，遇到这种情况时一定要给自己选中的股票留有更大的涨幅空间。

这条准则很快在一年后发挥了作用，我购买了世界上第一个推出口服避孕药的公司——兴泰（Synex）的股票，和当年的瑟登帝一样，股票连涨一段时间，这次我充分吸取教训，又坚持了几周，果然，兴泰在大幅回调后反弹上涨，那一年，兴泰成了最大的赢家，半年内它的股价从100美元一直飞涨至550美元。

这一次，我几乎做到了完美：选对了股票，选对了入市时间，坚持持有，耐心等待，把握住了最佳卖出时机。

⚠ 这次成功投资的关键在于，我遵从了非常具体的投资规则，如果沿袭多年前的投资方法，我一定会早早卖出大部分股票，毕竟它经历了两次大幅回调。

所以，静下心来想想以前做过的蠢事能让我清楚地看到自己的失误。当时，只懂得买入规则，而不知如何处理瑟登帝一样的情形。

（奥尼尔制定了自己独特的投资策略，他发现几乎一切股票投资原则都和人的本性相背离。即使在金融方面受过高等教育的人也可能在股票投资上犯错。"如果有人买了股价50元的股票，当它下跌至40元时，他不会卖掉，基本的数学知识和心理作用愚弄了很多人。"简而言之，奥尼尔的股票投资原则里不掺杂任何情感因素。）

⚠ **要遵循规则，而不是听从感觉，因为如果靠感觉投资，你始终都处在担惊受怕或紧张期待的状态中。**

威廉·奥尼尔相关介绍

奥尼尔出生于俄克拉荷马州，在德克萨斯的普通环境中长大。20多岁在空军服役时，他用300美元做了人生中的第一次投资——购买了宝洁公司（Procter & Gamble）的股票。后来，他加入海登斯通公司（Hayden Stone），成了专业股票经纪人。从此，奥尼尔开始了自己具有里程碑意义的研究工作——深入分析不同时期最优秀的领头股，总结它们最核心的共同特征。在短短两年时间里，奥尼尔的成功投资为他自己带来了20倍的账户收益。30岁那年，他买下纽约证券交易所的席位，是当时做到此事的投资中最年轻的一位。他创办的威廉·奥尼尔公司是全美备受尊敬的证券研究公司之一。他也是第一位在20世纪60年代用电脑处理每日股票信息的人，这使他很快找到了优质股票的共同特征，推出了著名的CAN SLIM投资策略。今天，这一策略仍受到投资者的热捧，无论市场是阴是晴，CAN SLIM投资系统从1998年到2009年平均年增长35.3%，表现远胜过标普。

第五章 威廉·奥尼尔

1984 年，奥尼尔创办了《投资者商务日报》，希望为更多投资者提供更为广阔的学习、交流空间。该报提供的独特的审查工具能够快速跟踪 CAN SLIM 股票；定期举办的学习班、研讨会以及投资大学帮助很多人实现了成功投资的梦想。在当前低迷的经济环境下，取得如此成绩尤其不易。比尔·奥尼尔获奖颇丰，他的著作也异常畅销，如《股海淘金》(*How to Make Money in Stocks: A Winning System in Good Times or Bad*) 被史学家、市场思想家、金融专业人士和经济学家们同时推举为必读书目。最近更新的第四版包括了 2008—2009 年的熊市信息，以及优异股票的 100 种图形，旨在揭示所有这些股票在价格上涨前的共有图形特征。奥尼尔的其他畅销书包括《成功投资者》(*The Successful Investor*)、《成功投资的 24 条教训》(*24 Essential Lessons to Investing Success*) 及《卖空股票赚大钱》(*How to Make Money Selling Stocks Short*) 等。奥尼尔还是多本著作的编辑，其中就包括《领导者与成功》(*Leaders & Success*) 系列丛书。

第六章

吉姆·罗杰斯

量子基金的创始人之一
哥伦比亚大学客座教授
驾驶摩托车环游世界的人

  吉姆·罗杰斯（Jim Rogers）从不浪费时间，他是唯一一位在我采访期间还留在健身房锻炼的人。不确定他是在跑步机上还是脚踏车上，但如果电话那头传来大口喘气的声音，我通常不会提太多问题。值得一提的是，在短短的采访结束时，吉姆很可能比我的身体状况更好了，赚取的财富更多了，原因很简单，那就是他懂得如何利用时间。

  身为成功的基金经理人，罗杰斯从不曾浪费光阴。他始终走在他人前面，始终能够在工作中想他人之未想，做他人之未做。"如果所有人都开始投资一只股票，我往往不会跟风。"他说。

> 我喜欢买便宜东西,在这些东西的背后一些积极、可喜的变化正在悄然发生,它们就是我想要的。

1998年,罗杰斯推出了"国际商品指数",那个时候,大多投资者的注意力仍停留在网络公司的股票上,这样的投资结果可想而知。

在接下来的四五个月里,商品基金开始下滑,亚洲金融危机和其他一些原因迫使其不断下行。从1999年1月起,商品牛市终于到来,但即使在那个时候,很多人仍未注意到商品价格的上扬,所以尽管在过去10多年中商品是市场上表现最活跃突出的部分,但还是很少有投资者对其予以关注。

千万不要因此简单称他为逆向投资者,事实上,在他与其他投资者背道而驰的投资方向背后,有着一整套细致、深刻的分析研究。

> 我不是为追求标新立异才反向投资的,我有强有力的、充分的购买理由。便宜的东西一般不会引起人们的关注,而价格很高的股票——那些我可以卖出或卖空的股票——又是人人紧盯不放的。一般来讲,当所有人都拥有某物时,就不会再有购买者了。当市场变糟时,就必须卖出了。

吉姆深信商品价格还有很大上涨空间。他回忆起了在布拉格(Prague)参加的一次会议。"一位演讲人问有多少听众投资了黄

第六章　吉姆·罗杰斯

金，会议厅里 24% 的人——他们都是成功的投资者——举手说投资了黄金，他问的的确是黄金。我知道假如他问大豆或其他类似的东西，会场里只会有我一个人点头答'是'"。

吉姆在着装方面也有些格格不入。任何在 CNBC（美国全国广播公司财经频道）、彭博资讯（Bloomberg）或福克斯广播公司（Fox）看到他的人都会因为那个蝶形领结一眼认出他。在这一点上，他说不会有很多人模仿他。在他看来，领结很实用，"它们比领带便宜，你也不会把汤撒在上面，担心把它们弄脏。"

他对商品的投资热情由来已久。"我现在的主要投资方向是商品，因为其基本面正在转好，但所有商品的供应仍受到抑制，所以，如果全球经济形势继续好转，商品仍是很好的投资方向，这一切是由其缺口带来的。但如果世界经济形势不能如我们所愿继续发展，商品也还是很好的投资，因为政府还在印钞。纵观历史，印钞会带来价格上扬。现在，我们有史以来第一次如此大量地印钞；另外，如果经济萎靡，就会有更多钞票印制出来，这对商品市场很有好处。我们都知道，钞票越多，实物资产才是我们保护自己的有效方式，有了它们，你就能赚到钱。

"所以对我而言，无论经济如何发展，商品的前景都是光明的。"

很多热衷于商品的投资者将中国看作重要的市场驱动力，但吉姆并不盲从。

他指出，"中国的经济仅为美国和欧洲经济规模的十分之一，所以无论中国怎样发展，它都不会在任何市场上成为主要力量。当然，他们的购买力很好，经济稳定，发展强劲，但欧洲和美国经济的规模是它的 10 倍。无疑,中国将是这个大市场的一部分,亚洲也是其组成部分,每个人都是它的一部分。"

口述实录

吉姆·罗杰斯最有价值的错误

我没有多少从商经验。确切地讲,1970 年 1 月我才开始进入这一行。当时我认为股市很快将进入熊市,以往我们也曾经历过熊市,但这一次将持续时间更长,影响更糟。这在当时是很激进的想法。

所以,我把所有资金用来卖空市场,我的收益到 5 月份已经翻了三倍。那时,很多有着上百年历史的企业纷纷倒闭,那是 1938 年以来最糟的一次熊市,这一点显而易见。

我抓住了机会——收益连翻三倍,最终,在市场触底的那一天平仓,赚到了三倍的钱。我告诉自己:"啊,这并不难。"

尝到甜头的我激动万分,等待着市场的再次反弹。很快,市场的确开始反弹,两个月后,我又倾注所有,卖空了六家公司的股票,但这一次并没有得到幸运之神的眷顾,两个月耗尽了所有本金。市场还在反弹,而我却无法继续。

这次经历让我看到,自己事实上对市场一无所知,对市场的未来走向毫无判断。有意思的是,后来我卖空的六家公司都破产了,而且在短短五年内就破产了。但这并不意味着我当初的投资决策很明智。不可否认,我败得很惨,原因是我不了解市场，不了解和它相关的生产、贸易。

⚠ 它告诉我：要在投资中占据有利地位，就必须独立思考，走在他人前面。我现在明白，那些所谓的有效市场理论都是一堆垃圾。

〔注释：通过 Businessdictionary.com，我们看到，有效市场假说（EMH）认为，一种金融工具的价格能够反映当前有关这一工具的所有可获取的信息，其价格变化又会即刻透露新的信息。〕

一些人先知先觉，总能看到他人尚未看到的趋势，我总以为，大家都知道 XYZ 是个垃圾公司，迟早会倒闭，但事实是，他们看不到。

⚠ 我因此发现，人们要在一段时间后才能真正看清形势，这段时间里市场会有波动。因为投资者对事实的了解并不深入，所以就很难对市场波动有正确的理解。现在我懂得，要找到一种方法，让自己在他人没有完全看清形势前做出正确判断。

那或许是我投资中犯过的最大错误。走上讲台，面对学生时，我有时会跟他们说，人生中有一两次输得一无所有的经历不见得是件坏事——我们常能听到有人从失败中吸取教训，重振旗鼓，大获成功的故事——但一定要在年轻的时候经历它们，一定要在自己只有5000块而不是500万的时候经历它们。

吉姆·罗杰斯相关介绍

吉姆·罗杰斯在阿拉巴马州的丹波利斯（Demopolis）长大；他是作家、金融评论家、非常成功的国际投资者。他的观点常被《时代》(Time)、《华盛顿邮报》(Washington Post)、《纽约时报》(New York Times)、《巴伦周刊》(Barron)、《福布斯》、《财富》、《华尔街日报》(The Wall Street Journal)、《金融时报》(Financial Times)、《商业时报》(Business Times)、《海峡时报》(The Straits Times)以及全球许多其他重要媒体引用。罗杰斯还常为各种媒体撰稿并开设专栏，此外，他还是美国哥伦比亚大学的客座教授。

从耶鲁大学和牛津大学毕业后，罗杰斯与索罗斯共同创立了全球著名的大规模对冲基金——量子基金，在此后10年中，量子基金投资组合回报率高达4200%，而同期的标准普尔指数回报率却不及50%。37岁那年，罗杰斯决定退休，此后，除继续管理自己的投资基金外，罗杰斯来到哥伦比亚大学商学院，成了那里的金融教授。1989—1990年，他曾主持WCBS电视台的"The Dreyfus Roundtable"和金融新闻网（FNN）的"The Profit Movie with Jim Rogers"等节目。

1992—1993年，罗杰斯实现了他一生的梦想——骑摩托车横跨六大洲，行程10万英里，他也因此被成功载入吉尼斯世界纪录。作为一名私人投资者，罗杰斯不断以他的投资理念分析沿

第六章 吉姆·罗杰斯

途经过的各个国家的投资机遇,并将他的投资分析写入了《骑摩托车的投资者》(*Investment Biker: On the Road with Jim Rogers*)一书中。1999 年,罗杰斯开始了他的千禧之旅,这次旅行共耗时 1101 天,成功完成了他的又一次吉尼斯环球旅行纪录。这次途径 116 个国家、行程超过 24.5 万公里的千禧之旅已经收入他的《资本家的冒险》(*Adventure Capitalist: The Ultimate Road Trip*)一书中。2004 年,罗杰斯出版了《热点商品:如何在全球最佳市场上成功投资》(*Hot Commodities: How Anyone Can Invest Profitably in the World's Best Market*)。在近期出版的《中国牛市》(*A Bull in China*)一书中,罗杰斯分享了他在中国的经历,讲述了他亲眼目睹的中国巨变,并深入分析了中国当前面临的机遇和挑战。他的最新著作名为《送给宝贝的礼物》(*A Gift to My Children*)。

第七章

穆罕默德·埃尔－埃利安

太平洋投资管理公司首席执行官兼联席首席投资官
前哈佛管理公司总裁
美国国家经济研究局研究员

  穆罕默德·埃尔－埃利安（Mohamed El-Erian）不希望自己身边全是唯唯诺诺、点头哈腰的附和者。他喜欢在会议结束后追问同事们："除了会上提出的方案，还有没有新的思路，新的解决办法？"
  这样做，是因为他相信正确的提问有助于大家从以往的错误中吸取教训。"在我们的一生中，人人都会犯错。"他补充道：

> 人生充满了各种不确定因素，没有人能完全准确地预测出下一秒会发生什么；所以，我们总会犯这样那样粗心大意的错误。重要的是，同样的错误不要再重犯。

第一部分 传奇与领袖

埃利安和比尔·格罗斯同为太平洋投资管理公司（PIMCO）的首席投资官兼首席执行官，这种积极思考的态度和可贵的怀疑精神正是公司保持强劲发展的重要原因。他说，"学会提问至关重要，没有提问，没有质疑，就不会诞生今天的公司。17岁那年的教训刻骨铭心，它让我懂得，做任何事情我们都首先需要一种存疑精神，应该学会从不同角度获取新的认识。所以，现在公司的经营管理中也自然不能少了它。"

埃利安的父亲是一位外交官，曾在联合国工作，父亲的一言一行为少年时期的埃利安树立了良好的榜样，他回忆说，"我们在巴黎的那段时间里，家里常能看到四种不同的报纸。"

"一天，我好奇地问父亲为什么要订那么多报纸，他说，'因为我们不能偏听偏信，不同的报纸常从不同视角、不同立场出发，所以对同一问题的认识自然不同；只有阅读不同的报纸，看到不同的观点我们才能更全面地了解事实，做出正确判断。他常说，'不要受制于某一特定思考方式。'"

埃利安喜欢打破常规，另辟蹊径。他出生于纽约，但童年都是在父亲的故乡埃及度过的，10岁那年，全家又搬回纽约，在那里他迷上了"奇迹大都会"棒球队。后来，埃利安又随父母来到巴黎，在那里学会了一口流利的法语。因为讨厌经常搬家，埃利安请求父母送他到一所英国寄宿学校。现在，他生活在加利福尼亚风景宜人的小城新港滩（Newport Beach），除了能讲一口流利的英语、法语外，用阿拉伯语交流也毫无问题，但当地方言却不是他的强项。

多角度地看待问题并不仅仅是公司一贯坚持的创新发展理

第七章 穆罕默德·埃尔-埃利安

念,事实上,它也是决策制定的一部分。

"每年我们都会抽出时间暂时放下手中的工作,认认真真地重新审视市场,重新审视我们自己。我们还会邀请一些其他行业的先行者、思想家参加会议,仔细听取他们对自己本行业发展的真知灼见。我们邀请过作家、撰稿人,也邀请过很多后来做了国家决策者的人,现在的美联储主席本·伯南克(Ben Bernanke)就曾参加过我们的会议。会上,我们相互交流、讨论,甚至激烈地争辩,希望从这些惯于打破常规的人那里获取新的思路,形成更全面的认识。"埃利安说。

除邀请资深人士分享他们的理念和展望外,太平洋投资管理公司也常鼓励他们年轻的工商管理硕士走上讲台,告诉同事们他们对当前世界和行业发展形势做何感想,有何高见。

"我们还成立了影子投资委员会,其作用就是向投资委员会提出问题或质疑,确保他们的投资计划明智可行。"埃利安说。

在公司的决策制定过程中,我们常能听到非常宝贵、具体的建议。例如,1999年,委员会邀请一位中国人来会上发言,他的发言让我们开始认真思考中国的发展方式和发展进程,从此公司将中国纳入了决策制定的考虑范围内,埃利安回忆说,"如果当年没有邀请那位中国发言人,我们不会捕捉到如此宝贵的信号'喂,大家注意了,该是将中国考虑在内的时候了',因为一直以来,我们的投资信号图上完全没有中国的影子。"

"我们也邀请了一位研究公司发展模式的教授,他的讲话让我们开始思考为什么历史上那些出色的公司不能轻松应对已经预测到的变化。"

是什么使IBM在应对电脑革命的过程中只考虑发明更好的主机？是什么使美国四大轮胎公司在应对法国米其林公司（Michelin）推出的子午线轮胎时只考虑制造四层、五层的轮胎？

那些成功的大公司有着雄厚的资金，强大的研发实力，他们看到了变化的来临——IBM看到了电脑革命的到来，轮胎公司也看到了子午线轮胎的问世——但为什么他们不能采取正确的应对方式，而在竞争中失去了有利地位？

问得好。穆罕默德·埃尔—埃利安的大脑中全是这样的问题。

口述实录

穆罕默德·埃尔－埃利安最有价值的错误

在英国读高中的最后一年，我申请了剑桥大学。在学校，我认识一位非常优秀的经济学老师，他送给我一本刚出版不久的新书，并跟我说："这本书一定要读，不管考官问你什么，只要能提到它，你在面试中就胜券在握了。"

我遵照老师的建议，反复阅读，基本了解了书中内容，还准备了简短的发言，很快到了面试时间。

面试间里只有两位教授，一位提问，另一位负责记录。提

第七章 穆罕默德·埃尔-埃利安

问,回答,提问,回答,55分钟过去了,还有5分钟面试就要结束了,但我还没有提到老师建议的新书。

接下来,提问的教授又问了别的问题,我突然大声说:"噢,这让我想起了最近读过的一本新书。"当然,它和我要回答的问题风马牛不相及。负责记录的老师放下手中的笔记本说:"是吗?说来听听。"

我充满自信和激情地说出了事先准备的内容。只见那位教授起身向他的书架走去,抽出一本书,坐下来翻看。然后,他又提了几个非常简单的问题,但我的回答和书中的观点完全相反。

我尽力补救,但无论如何也想不出更好的回答。他轻轻走过来,递给我几页纸,原来这是他在一本期刊上刚刚发表不久的文章,文章对我刚提到的书中观点提出了强烈批评。他说:

⚠ **"穆罕默德,你不应对书中内容不加思考的全盘接受,不能因为它印在书上就认为它理所当然的已经是真理了。"**

我灰头土脸地走出了面试间。原本梦想着去剑桥继续学习,却没想到自己在已经出版的书中读到的内容竟然有错。我痛苦极了,这个结果完全是我一手酿成的。

但对于一个对书本坚信不疑的17岁年轻人来说,这一错误留给我的深刻教训足以使我受益终生,从此,我开始对更多的东西产生了怀疑。

第一部分 传奇与领袖

⚠ **如果你关注过我的投资决策，你会发现它们都和质疑密切相关。**

我来举一个例子。起初，像很多人一样，我们看到阿根廷的经济会出问题，认识到这一点并不难，因为每天我们都能从可靠数据上看到阿根廷的最新情况，那是 2000 年。2001 年 12 月，阿根廷没有实现削减财政赤字的承诺。

我记得我们参加了几次座谈，会上的第一个问题就是"你对阿根廷的看法如何？"回答当然是否定的；接着人们会问，"那你的策略是？"我回答说，"我们降低了对阿根廷的预期。"下一个问题接踵而至："降低了多少？"

当时，阿根廷占新兴市场指数的 20% 以上，所以，有人说："我们只持有 15%，"另外又有人说，"我们也降低了预期，只有 17%。"然后会有人问我们（PIMCO），回答是，"我们的持有为零。"人们会问，"为什么？它占市场指数的 20%！"也有人说："你们的投资组合看起来并非如此。"我们一笑置之。

太平洋投资管理公司当时所做的就是对人们深信不疑的概念表示怀疑，因为它在指数（摩根大通新兴市场债券指数）中占比 20% 以上我们就一定要持有吗？我们的想法是，如果这个国家的经济已经陷入严重危机，继续持有 15% 的债券就是不负责任的行为。

所以如何应对呢？方法非常简单。我们开始观察和阿根廷有密切经济关系的国家，因为它们有着相同的地区特征。我

第七章 穆罕默德·埃尔-埃利安

们说:"放弃持有阿根廷债券,我们买入其他与阿根廷经济往来密切的国家的债券。如果阿根廷的情况持续恶化,我们也不会受损;但如果阿根廷情况好转,我们也将有利可图。"在阿根廷经济恶化前,指数似乎显示我们仍持有阿根廷债券,但当它真正恶化时——阿根廷下跌了65%——总指数下跌了1%,而我们增值了20%多。

⚠ 太平洋投资管理公司的策略就在于不断提出质疑。不能因为他人在冒险而自己也一定要愚蠢地冒险。

穆罕默德·埃尔-埃利安相关介绍

穆罕默德·埃尔-埃利安是太平洋投资管理公司(PIMCO)首席执行官兼联席首席投资官,其公司总部设在加利福尼亚的新港滩市。在2008年再次加入PIMCO前,埃利安是哈佛管理公司董事长兼首席执行官,该实体管理着哈佛大学的捐赠基金和有关账户。埃利安先生也曾担任哈佛商学院教员和哈佛大学财务部副部长。他于1999年初次加入PIMCO,担任公司总经理;同时,也是公司投资组合管理委员会和投资策略委员会资深委员。加入PIMCO前,埃尔—埃利安供职于伦敦所罗门美邦/花旗集团(Solomon Smith Barney/Citigroup)。此前,他在华盛顿特区国际货币基金组织工作了15年。埃尔—埃利安先生发表过一系列有关国际经济和金融问题的文章。目前,他也在多个理事会和委员会任职,如新兴市场交易商协会(EMTA)、国际货币基金组织杰出人物委员会。另外，他也是美国财政部国债咨询委员会成员、国际货币基金组织资本市场咨询小组组员、微软投资咨询委员会主席。有着25年投资经验的埃尔—埃利安本科毕业于剑桥大学，后又在牛津大学获得经济学博士学位。

第八章

罗伯特·普罗克特

艾略特波浪国际公司的创建者和总裁

被金融新闻网（今天的 CNBC）评为"80年代风云人物"

著有13本书，其中包括《纽约时报》畅销书《战胜崩盘》

提起罗伯特·普罗克特（Robert Prechter），人们自然会想到他在1987年的贡献：

> 普罗克特……成功预测了1987年的股市崩盘……（《华尔街日报》）

> 普罗克特……因成功预测了1987年的股灾而成名……（《纽约时报》）

> 普罗克特在1987年10月崩盘前就告诫投资者抛掉手中股票……（《巴伦周刊》）

第一部分　传奇与领袖

如果你是一位股票分析师，能够成功预测崩盘会让人刮目相看。但普罗克特希望得到的远不止这些。

"人们会说，'也没什么了不起，他只是预测到了崩盘，'"普罗克特却认为，"这真的很难，因为在我看来，从1975年到整个80年代，股市一定会大涨。"

他希望人们记住的是他高超的整体预测能力。

"如果还有人愿意讲起过去，我希望他们能提到我引以为豪的著作《艾略特波浪理论——市场行为的关键》（*Elliot Wave Principle—Key to Market Behavior*）。这本书于1978年完成，1982年修订版面世；书中预测一路上扬的股市最终将走向灾难，带来恐慌，事实证明，我的预测完全准确。"

这些话正是出自素有"波浪理论大师"之称的罗伯特·普罗克特，"艾略特波浪理论"（EWP）在20世纪30年代由拉尔夫·纳尔逊·艾略特（Ralph Nelson Elliot）首次提出，他认为人是有节奏、有韵律的动物，人的行为会出现类似波浪的特点。这种群体心理波会影响金融市场，艾略特说，如果你仔细观察以往的股市走势，就能看到投资者心理变化带来的重复出现的股市形态。投资者的积极乐观会推动价格走高；相反，如果他们态度悲观，股价也会一路下滑。

普罗克特对EWP理论产生了浓厚兴趣，在耶鲁求学时他读的既不是商务也不是金融，而是心理学，看来这一切并非巧合。

"我认为，大众的心态波会带来市场行为的变化，同时这种心态波也是导致所有社会行为的原因，它们是历史演进的引擎。所有市场基本面也会随大众的心态波发生相应变化。"他说。

第八章 罗伯特·普罗克特

换句话说，企业和经济的基本面——如收益和 GDP 增长——都并不造成股票价格的上涨或下跌。改变股市的是投资者的群体心态、群体行为。这也正是著名市场分析师普罗克特更加关注市场的波段、波型变化而非经济基本面变化的原因。

普罗克特说："基本面分析是来自市场以外的信息，如一个公司的收入为'X'，其总裁的政策为'Y'，如果从这一信息出发，我们就需要猜测市场的走向。技术人员需要研究市场行为本身所传达的信息，所以他密切关注着价格走势，市场心理变化和投资者心态的微妙沉浮。除了观察市场的宽度和速度，同时，他也会留意总量的变化。"

在这里，普罗克特看到了追随波浪理论的价值，"你能从波形中读到一切：情绪、动力、甚至还能看到总量的变化，所以它是非常有用的技术分析法。"

20 世纪 70 年代初，普罗克特首次接触艾略特波浪理论，当时他大学刚刚毕业，并已开始与 A.J. 弗洛斯特（A.J.Frost）共事。那个时候，他阅读了理查德·拉塞尔（Richard Russell）的《道氏理论通讯》（*Dow Theory Letters*）；1975 年，又偶然读到汉密尔顿·波顿（Hamilton Bolton）在这方面的著作，并决定静心研读，一探究竟。

于是，他来到图书馆，找到两本与此相关的 R.N. 艾略特的著作。

"国会图书馆里没有他的书——我首先去了那里。"但后来他还是在纽约公共图书馆的卡片目录上找到了它们。"在那儿，我找到了两本书的微缩胶卷，大约只花了几美分，就把它们全部印了出来。在接下来的两年里，我埋头苦读，渐渐领会了其中要义。"

那些写于1938年和1946年的书对你还有用吗？

"非常有用！"他开心地说。

从此，对两本著作的研究，以及对EWP理论的实践成了他所有市场分析的基础。20世纪70年代中期，还在美林证券公司（Merrill Lynch）做技术分析师时，他就已经开始积极实践波浪理论了，当时，大多数人还停留在谈论波段的最基本要素上。

普罗克特并没有就此止步，他于1976年推出了《艾略特波浪理论家》（Elliott Wave Theorist）投资期刊，1979年起，该刊停止发行。普罗克特著有13本书，他创办了艾略特波浪国际公司（Elliott Wave International），对外发布金融市场分析数据。普罗克特也是市场技术分析师协会会长，他提出了一种有关社会情绪的理论，并将其命名为社会情绪经济学（socionomics），在这一理论框架下，他主要分析建立在大众心理波基础上的社会发展趋势。另外，他还多次组织社会情绪经济学国际研讨会，建立了非营利性社会情绪经济学基金会，著有《社会情绪经济学》（Socionomics）。此外，普罗克特还常受到麻省理工学院、伦敦经济学院等多个重要学术机构的邀请前去讲学。

这一切都始于艾略特，始于普罗克特的图书馆之行。

"许多人都在大谈牛市的五种波型，熊市的三种波型，但艾略特涉及的细节更多、更全面，而且每个细节背后，你都能看到支持它的理由——非常丰富的例证和评论，告诉你他的预测原因。"普罗克特说。

在20世纪80年代的牛市期间，普罗克特对艾略特波浪理论的成功实践为他带来了丰厚回报，他也因此被誉为"市场时机选择专家"。1989年，他被金融新闻网（今天的CNBC）评为"80年代风云人物"。后来，他成功预测了1987年的股市崩盘，有人因此评论说，他的准确预测撼动了市场（普罗克特自己则认为这一评论言过其实）。1987年10月的黑色星期一之后，订阅普罗克特的《艾略特波浪理论家》的人数超过了两万。

如果金融市场存在波段变化，普罗克特的职业生涯也一样少不了浮浮沉沉。他说正如股市一样，自己在工作中也同样经历了起起落落。

20世纪80年代，普罗克特对牛市第三浪的预测完全准确，但他对90年代股市的预测并没有得到证实。在繁荣的20世纪90年代，普罗克特坚持认为熊市近在眼前的判断引来众多批评，很多人开始怀疑将艾略特波浪理论用于技术分析的有效性，因为他已多次预测崩盘，但股市远未触及他预测的低谷。

《个人理财轻松学》(Personal Finance for Dummies) 一书作者埃里克·泰森（Eric Tyson）说："普罗克特的投资期刊中发布的分析数据误差大得惊人，按年率计算（从1985年开始到2009年5月末），普罗克特对美国股市威尔逊5000证券指数每年低估25%！"

但普罗克特总能巧妙地为自己辩护。首先，他说："这是一个概率游戏，从事这一行的所有人都希望能够准确预测未来走势，但预测的质量一样非常重要。我认为，没有人可以作出比我更有理据、更有影响力的预测。"

接着，他又提到了近些年公司的业绩进展。市场观察

（Market Watch）指出，艾略特波浪金融预测工具（EWFF）在2008年股市大跌的背景下是少有的仍在赚钱的分析工具。2009年9月，在市场艰难爬行的过程中，它竟有着不俗表现。

事实上，现在看来，我当时预测的悲观情绪是准确的。在2009年7月前的12个月里，据《赫伯特金融摘要》（Hulbert Financial Digest）计算，EWFF上涨了11.4%，而当时红利再投资的威尔逊5000股指下挫了20.03%。

在过去的三年里，EWFF的年均收益为3.58%，而威尔逊5000的总回报率为−5.78%。在过去十年里，EWFF的年均收益为1.2%，而威尔逊5000的总回报率为−0.26%。

普罗克特对2007年股市灾难性顶峰的预测也是正确的，他说市场已经触及第五波段的顶点。有人认为这一顶峰是低息贷款带来的结果，普罗克特同意这一看法，但他更坚信，放松信贷是公众情绪变化的结果。

低息贷款不会从天而降，它并非美联储的决定，到达第五波段时，债务人会说："我要继续借进，因为偿还不是问题。"所以，他们保持着非常乐观的心态。债权人会说："我们相信他们的偿还能力，即使他们真的破产了，想要一栋房子，我们也仍会提供资金。"我想，

第八章 罗伯特·普罗克特

这样的极端乐观情绪无异于完全不经大脑思考的鲁莽行为。

普罗克特把他当前的职业阶段看作正在飙升的牛市始端。"一个好消息就是我已经进入第五波段，现在一切都在好转，而我正在感受这美好的一切。"

在股市预测过程中，普罗克特也经历了事业上的大起大落，但凝聚了他一生经历和心血的市场预测公司——艾略特波浪国际公司却很少有人做过深入研究。在普罗克特看来，他一生最有价值的错误也正是出现在自己职业生涯的熊市阶段。

他说："当时我已经进入第四波段，这一过程持续了很久，令人惊讶的是，那次危机（最有价值的错误）恰好出现在第四波段的末尾，世界股市呈现出它应有的图形——在大幅调整之后，股市出现可怕的衰退。"

口述实录

普罗克特最有价值的错误

20世纪20年代初，零售投资出版业开始走下坡路，我决定扭转颓势，让我的公司——艾略特波浪国际公司——为一些机构，如银行、保险公司、养老基金，发布分析数据。幸运的是，20世纪90年代，这些机构红极一时，所以这一决定让我们保持了良好的发展势头，而其他众多只提供零售分析服务的公司纷纷倒闭。

为了筹建新部门,我雇用了一些熟悉各种市场——如货币、利率、全球股市——的分析师。虽然进度缓慢,但最终还是成功做到了向投资者24小时不间断地提供有关全球主要市场数据分析的服务。经过不断招贤纳士,新部门开始发展壮大起来。

为了有效兜售新的服务项目,就必须很快筹建相应的销售部,因为银行、保险公司等机构对我们的营销方式并不买账,他们更喜欢电话、口头陈述及上门访问等形式。为吸引人才,我同意为第一批分析师支付高出其他员工数倍的薪水,并鼓励他们签订参股协议。如果能一举成功,他们的酬劳还会一路上涨,因为如果我来应聘这一职位,我也希望得到同样的待遇。

零售服务渐渐萎缩,可喜的是,机构服务迅速增长。到1999年,我们约有12位分析师负责机构投资服务,同时也有很多专职销售人员。但有时稳步发展也会滋生某种特权意识。

1999年的第二个季度,机构服务部开始出现不满情绪,同年早些时候,公司执行总裁辞职,我开始重新审视,发现了一些自己不愿看到的情况,并开始努力控制不断蔓延的膨胀情绪。例如,销售部记录了他们的海外销售之旅,但却几乎没有带回任何有价值的信息;我查看账单,上面有卡布奇诺咖啡、酒吧服务、斗牛演出、高尔夫比赛、乘坐豪华轿车等费用,即使如此,我仍告诉自己,这些支出自有它们的理由,丝毫没有怀疑他们是存心为之。后来我了解到,销售部主任并没有认识到自己的失职。

1999年第二季度，销售小幅下滑，薪水最高的几位分析师对工资的小幅下调表示强烈不满。当时我并没有注意到他们态度上的变化，因为我深信在任何其他地方他们都拿不到这样的酬劳。未曾料到正常人也会在这样一件再平常不过的事情上作出完全相反的回应。一些人取走了大量抵押款，他们已经习惯资金的快速流动。这种变化使该部门员工对我和公司的态度发生了一百八十度的大转变。

销售部负责人和一位高层分析师无视我们曾经立下的契约，开始和我们的对手及一些不怀好意的商人勾结，预谋挖走公司数据部。他们精心策划、编造谎言，并以高薪为诱饵，诱骗公司分析师和销售人员离开艾略特波浪国际公司。他们谎称将成立新公司，并为早期加入者提供股份。为钓分析师们上钩，他们极尽恐吓之能事，编造数据迫使大家相信我的公司已濒临破产。几个月来，公司收益的锐减和员工薪水的下调使这些谎言听来有理有据。后来，我们在销售部负责人的电脑上看到一份已经删除的邮件，他告诉其他分析师，公司已陷入绝境，最近两个月很难开出薪水，而他一直在为大家尽力争取权利和福利，也是在后来我们才知道，他私下已经建议大家不要到我的办公室过问任何有关公司经营状况的消息，因为我一定会设法隐瞒。大多分析师满腹恐惧、疑惑，但这一切我当时仍一无所知。没有人来找我，原因是策划者告诉他们任何叛离者都无权进入新公司，同时，他们也许诺会让每位"积极上进"的分析师过上舒适、富贵的生活，而我则会在不久的将来因破产而一文不名。换句话说，任何告密者或愿意留在老公司的人都将失去工作，这种软硬兼施的计谋很快打动了许多犹豫不决的人。

策划者精心密谋，计划偷走我们的客户单，挖走所有骨干员工。他们在宾馆租了房间，召开秘密会议，组织者甚至用幻灯片给大家演示了离开我的公司后每个人将得到的优厚待遇和升迁机会，但条件是必须严守秘密，直至时机成熟。所谓时机成熟就是等到骨干分析师和销售人员同时离开，致使公司数据分析顷刻陷入瘫痪，以此迫使我退还所有机构客户的服务费用。这样，我会因措手不及而很快破产，而且必须解雇剩余员工。离开的销售人员自然会在新公司成立后向我们的老客户投怀送抱，吸引他们订购新公司的服务业务，因为一流的机构分析师都在那里。他们的组织者，也就是我们的对手，会提供创业基金，他们已经在附近租了办公地，并安装了电话、电脑等办公用具，一切似乎都在他们的掌控之中。

但这并不代表他们的计划完美无缺。首先，他们的负责人傲慢自大，不愿接受与他们性格不合的人和在他们看来无法胜任工作者。接下来的几天里，接连有人辞职，我对这一突如其来的变化毫无准备，终于，一位受到排斥的销售人员听到风声，开始找我了解情况（现在他已荣升公司董事）。其次，他们阴险地决定让二十名员工在10月的最后一周接连辞职，最后期限是星期五，这就意味着公司可能会在毫无防备的情况下突然陷入瘫痪。辞职的分析师会编造离去的理由和他们新的求职计划，每个人的故事不尽相同，听上去并不像有组织

第八章　罗伯特·普罗克特

的预谋。对手步步逼近，选择周五是因为这样他们不仅能拿到薪水和红利，同时大家同一时间辞职还会在很大程度上削弱公司财力。但他们的时间安排使原本天衣无缝的阴谋露出了马脚。在离最后期限还有两天时，也就是在周三，我终于看出些眉目：他们在编造理由，隐藏辞职的真正目的，好在还有一天的时间可以考虑对策。

非常幸运的是，一位关系很好的周游各地的律师朋友正好在我身边，周四递交辞呈的人越来越多，我征求了他的建议。周五早晨，我决定在楼梯边的小办公室和辞职人员当面谈话，一起参加的还有该辞职人员的同事和其他部门的三位主管。接到辞呈后，我告诉每位即将离开的员工，他们可以在结束离职谈话后从财务办公室领到本月薪水。这种谈话本是标准流程，但在当时，谈话的目的主要是了解事实真相。周四早晨，第一个辞职者结束谈话，他被送到公司楼下并被告知艾略特波浪国际公司不会欢迎他的归来。为确保辞职人员无法通过电话向其他人发出警告（这是在手机时代到来之前），我们掐断办公室电话，通知员工系统出现故障。信息技术部立刻忙碌起来，似乎要很快排除故障。我非常平静地和每个递交辞呈的员工交谈，一些谈话持续了近一个小时。这是非常难熬的一天，我们从早晨九点一直忙到晚上九点，虽然身心疲惫，但终于从离开者那里得到了有用的信息。只要掌握了被盗的客户名单情况，我们就有充分理由在周一起诉法庭，使其在 30 天内受到禁令的约束。

但机构信息部还是遭到了致命打击，只有一位销售人员

第一部分 传奇与领袖

留了下来,他很早前就识破了那些人的阴谋,现在,他已调至另一个部门工作。幸运的是,其他部门有人强烈要求到销售部工作,所以,当时我们只剩了两位销售人员(这位自愿要求来销售部工作的人不到一年就成了我们的销售骨干)。我们把所有账户转给他们,因为人手严重不足,只能经常加班,处理大批客户的服务请求,好在我们并没有听到任何怨言,多劳多得,他们的薪水连连上涨。

机构分析师也所剩无几,更糟的是,剩下的员工中能够胜任高层工作的人更是屈指可数。我们只好再次上调工资,鼓励大家同舟共济,轮班工作,业务量大的时候零售分析师也会加入进来,以解燃眉之急。一位熟悉市场的员工后来要求从其他部门调入机构数据部,填补紧缺的分析师职位。我们精简业务,同时打出招聘信息,高薪吸纳年轻有为的数据分析师。几天后,成功招到两名新人。在接下来的11月份,我们接到数次投诉电话。显然,公司的市场分析版面在逐渐缩小。无奈之下,我只好向部分客户退款或打折,无论如何,数据分析部还是在最艰难的一个月里挺了过来。到12月份,市场渐渐平静,一些客户也开始休息、度假,我们因此有了难得的喘息机会。这个时候,我们抓住时机,招聘新人,设法巩固数据部,也聘回了几位辞职不久的公司员工。考虑到他们也是无辜的受害者,而不是罪大恶极的组织策划者,我们决定再给他们一次机会。

其他辞职人员也渐渐认识到,阴谋得逞后,他们将很快被踢出组织,这让他们火冒三丈。

第八章 罗伯特·普罗克特

事实是，曾经巧舌如簧、能说会道的负责人最终并没有成功建立新公司，尽管花了两个月的准备时间，但电话和电脑也没有派上用场。当初许诺给他们的高额薪酬打了水漂，当法官命令他们把公司客户单交还我们时，曾经的负责人和投资商都消失得无影无踪，丝毫不顾及他们的安危和利益。后来，事实证明即使他们的计划无懈可击，辞职人员也不会从策划者那里拿到他们许诺的优厚酬劳。最终，我们同意调解，很多卷入其中的员工为了不再对簿公堂，愿意支付我们的律师费用。这件事让公司蒙受了重大经济损失，更可怕的是，它把整个公司送上了灾难的边缘。公司内部作恶者及其追随者的生活也因此搞得一团糟，他们从高薪奇缺人才变成了收入为零的失业者。这件事让每一个卷入其中的人都深感心力交瘁。

我自责了很久。显然，我没有和两个部门的员工建立密切联系，在公司分析师中有和我关系很好的朋友，所以，我对他们的背叛和密谋毫无思想准备。但销售部的员工我的确了解很少，我们也谈话、闲聊，但我从未真正走近过任何一个人。如果我更谨慎或者和他们的关系更密切一些，这次灾难或许不会发生，在我三十年的公司管理过程中，这是我犯过的最大错误。

但你知道吗，它也是我一生中犯过的最有价值的一次错误，几个月后，我的律师说"很多天价分析师都离开了，现在你可以重新考虑他们的薪酬了。"没错，这是难得的机会。1999年是机构分析业绩最好的一年，接下来的2000—2003年，市场下滑，经济衰退，整个机构分析行业遭遇罕见的业务冰冻,我们最强劲的两位对手也在这一时期先后破产。市场依旧低迷,出乎意料的是,零售部却开始发展壮大,他们带来的利润成功弥补了机构数据业务锐减造成的巨大损失。不久后,我们发现三四位销售人员足以应付当时的业务。新来的分析师很高兴留在公司,他们不再像以前该部门的员工一样目中无人、趾高气扬。很多时候,他们比以前的员工工作更卖力、更出色。人员少了,费用少了,我们的高端机构数据分析幸存了下来。

后来,我非常惊讶地意识到,在2000—2003年全球机构业务大幅萎缩的背景下,如果仍沿用旧有管理模式,数据部和销售部的高昂支出一定会让我们负债累累。所以,他们的阴谋事实上为我们扫清了发展道路上的一大障碍,省去了我们主动精简机构可能遇到的各种困难。很快,我决定公司未来以营销——而非销售——为主,不断引进营销人才,转换管理思路。几年后,我们完全撤掉了销售部,并为该部门作出贡献的员工安排了其他岗位。尽管为期三个月的阴谋危机让我们焦灼、忙碌,但它带来的机构快速优化结果却帮助公司挺过了三年最艰难的发展阶段。现在回想起来,它事实上为我们的机构数据业务发出了很好的信号,因为其组织者一定预见到在市场达到顶峰时,机构数据分析仍会保持上扬势头,当时大多数人都抱有这样的想法。

尘埃落定后,我启动了一个新的计划,那就是用电子邮件的方式向每位员工发布公司内部新闻——第一时间发布好消息,当然也有坏消息。我不希望自己是最后一个知情者,也不希望我的员工始终蒙在鼓里。我们仍提供高级市场数据分析，但不再要求分析师们旅行搜集数据、长篇陈述、四处游玩等。在公司网站上我们创建了订阅菜单，任何有需求的人都可以点击菜单预定我们的专业服务。同时，我们也改变了营销策略，采取了经济的、电邮的方式促进销售。

旧有销售模式轰然倒塌，这不是我主动改革的结果，而完全属于自取灭亡。总之，整件事情并不是一场灾难，而是一次救助。

今天，我们有了更多分析师，更有效的营销策略和稳定的公司发展，但我始终心怀感激，因为自己一手创建了机构部，因为它在金融服务转型期为公司带来了可观收益；但更让我高兴的是，它就那样自然解散了，而我自己竟愚钝到完全没有预料到它的发生。

罗伯特·普罗克特相关介绍

罗伯特·普罗克特著有 13 本与金融相关的著作，第一本《艾略特波浪理论》于 1978 年出版，书中预测了 80 年代的股市繁荣。2002 年出版的《战胜崩盘》（*Conquer the Crash*）又预测了当前的危机。普罗克特目前的研究兴趣是为社会科学找到全新的研究视角，并已在 2003 年出版的《社会经济学》（*Socionomics——The Science of History and Social Prediction*）一书中提供了基本框架。2007 年 7 月，普罗克特与同事韦恩·帕克博士（Dr. Wayne Parker）在《行为金融学》（*Journal of Behavioral*

Finance）期刊上发表了名为"金融／经济两分法：社会经济学视角"的文章。至今，他已在伦敦经济学院、佐治亚理工学院、麻省理工学院、纽约州立大学和多次学术会议中做过有关社会经济学理论的探讨和讲座。

第二部分
首席执行官

每个组织都有它的灵魂人物，考虑到本书意图，我把这样的人称作"首席执行官"。

起初，本打算将这部分命名为"执行总裁"，但执行总裁常是一种暗示、隐性的公司职位，在私营企业中他们的称呼会有所变化（总经理、总裁、执行合伙人等）。而且我了解到，在企业界头衔并不总能告诉我们一个人具体做些什么工作。一些执行总裁并不会每天办公，但重大决策全由他们拍板定夺。而另一些执行总裁只是参加会议，了解决策。

有人得到的只是一种鼓励性头衔，也有人只有头衔而没有决策权。他们的办公位置往往并不显眼，踏进办公室，你会看到墙上贴满了他们辉煌时期和多位名人花花绿绿的合影；而且，现在他们露脸的机会并不多，甚至已不再出席所有重大会议，他们的故事听来非常耳熟。

而另一些每年进账几千万美元的执行总裁说自己并不了解企业状况，公司通过海外账户隐藏损失，虚张声势。即使公司股价持续下跌，也仍在员工面前装聋扮哑，把戏不断，如安然公司首席执行官肯尼斯·雷（Kenneth Lay）。

但也有这样一类首席执行官。他们虽不在乎头衔、职位，却是公司的真正管理者，在他们身上你能看到这样的共同特征——高超的人员管理技能，优秀的协调沟通能力。他们带领整个团队朝着同一个目标迈进，不断攀越新的高峰；他们组织市场调研、深思熟虑、制定决策，为公司和员工谋取福利，乐于和大家共渡难关。

在他们中间，有人喜欢回忆过去，也有人不愿回顾具有传奇色彩的职业生涯。当然，他们不会提及太多工作中的失误，但他们的工作经历和决策能力仍能给我们以宝贵启示。在此，我向参与采访的每位执行官表示衷心的感谢。

第九章

亚瑟·布兰克

家得宝公司的共同创办者
亚特兰大猎鹰足球队老板
AMB 家族基金会的创建者

亚瑟·布兰克在他的职业生涯中积累了丰富的经验,他的亲身经历对每位将要做出人事变动的执行官都有着借鉴意义。

如果你打算解雇一名员工,就必须确保他不会另起炉灶,成为你最强劲的对手并最终迫使你倒闭歇业。

布兰克和他的同事伯尼·马库斯正是如此,他们曾在加利福尼亚的便利家居装饰中心工作(Handy Dan Home Improvement Centers),这是一家五金连锁店,主要提供家庭改建、装修工具和建筑材料等。当时，高级管理层出现政治纠纷，布兰克和马库斯因受到牵连而被解雇。

丢掉工作后，两人很快商量创建自己的家居装饰五金连锁店，并起名为家得宝。他们决定提供和其他五金店一样的产品和服务，但一定要比任何一家都出色。对每位员工（抱歉，应该是对每位同事）来说，都应该有一个更强劲的工作动力和更明确的努力方向。

"你可以开一家和它外表完全相同的店，比如，这个店有100000平方英尺，出售各种建筑材料和家居用品，你可以卖同样的东西，标同样的价格，但我们的公司之所以与众不同，是因为我们关心客户，提供卓越的顾客服务。"布兰克说。

从公司创建的第一天起到现在，布兰克已经走过了23个春秋，在执掌美国历史上最成功的零售公司之一家得宝期间，布兰克得出结论——只有始终关注顾客的需求才能保住企业的旺盛生命力。

布兰克回忆说："我至今仍记得和劳氏（Lowe's）公司总裁鲍伯·蒂尔曼（Bob Tillman）的谈话。鲍伯退休后跟我说，你知道，我们模仿你们的模式开办了我们的零售店，但始终不明白你们是怎样让每位员工深信并努力实践顾客第一的企业文化的。"

这或许与布兰克的人生经历有关，他出生于纽约皇后区，15岁那年父亲离世，他和马库斯的家庭都不富裕，他们的祖父都是从欧洲来到美国奋斗的移民。大学毕业前，布兰克和弟弟一起生活在一套只有一室一厅的公寓里。凭借智慧和努力挣得自己想要的一切成了他们刻骨铭心的信念，这种信念今天也在支撑着整个公司的创新与发展。

布兰克说："我们常有一种紧迫感，感觉总有问题还没有注意到，总有遗漏的细节会影响公司进步，所以，我们非常留意身边的每个角落，每个细小处，它会暴露我们的不足，有时又会给我们带来新的机遇。发现这些角落的能力和公司的成功经营直接相关。

"我们经常在店里或服务中心开会，如果你参加过那些会议，一定会说公司的经营管理出了问题。我们会仔细审视一些细节，过问每个可能存在隐患的地方，讨论如何在竞争中占据上风，如何提供更优质的顾客服务。尽管公司每年有45%的增长，48%的利润上升，23年来，我们的股票每年上涨47%~48%，但你不会在我们的态度、我们的行动或我们的语言中察觉到这些成绩和荣耀。"

事实上，美国企业界的每位员工都可以从布兰克的用人机制和方法中有所收获。谁将在这个零售巨人中得到升迁，谁将在更高层次上大展宏图都和家得宝"顾客第一"的企业文化密切相关：

> 在我们的公司，无论你是分店经理、地区经理、区域经理、区域副总裁还是任何其他职位，能成功得到升迁的只有一种人，那就是深信并实践我们企业文化的人。和对"顾客第一"这一企业文化的信念和忠诚相比，工作能力往往排在其次。

出任家得宝总裁期间，布兰克是全美最胖的老板之一。买下亚特兰大猎鹰足球队后，他有了一些全美最胖的"员工"，不少人体重超过270斤。我问他是否在看球赛的过程中发现有人动作迟缓便会考虑做出调整，换上新人。

"不，"他说，"这种决定另有人做。"

对如此经验丰富、成就卓越的一位商人来说，不再过问公司情况很可能是件困难的事，毕竟，家得宝能取得今天如此辉煌的成绩离不开他的持之以恒和严格管理。

布兰克善于从错误中吸取教训，也正是公司早期的一次错误才帮助家得宝取得了今天令人羡慕的市场占有率和丰厚利润。

那是1984年。当时，公司决定进军达拉斯，在那里接管一个在该地区已有九家分店的名为宝华特的公司（Bowater）。布兰克从这次行动中充分吸取教训，没有当时的错误，家得宝很可能不会成为今天大家津津乐道的经典成功故事。没有布兰克从错误中学习的精神，当初的小五金店就不会取得今天的传奇发展和诱人回报。

口述实录

亚瑟·布兰克最有价值的错误

在公司刚刚成立的几年里，从1979~1981年，我们一直在摸索改善经营模式。当时我们只有4家店，1984年虽然已增至23家店，但公司规模依然很小。后来，我们决定进军达拉

第九章 亚瑟·布兰克

斯,并购宝华特,这家公司之前有过投资家得宝的计划,他们在达拉斯和其他几个市场有着和我们规模类似的9家店。

我们去了宝华特的分店,发现他们的经营存在不少问题,如服务落后、货品单一、店内设施陈旧破败。

回来的路上我们满怀信心,相信如果能以合适的价格购得宝华特,就一定能把它打造成面目一新、快速发展的品牌店,很快,我们成功收购了宝华特。

> ⚠ **在打造这9家店(前宝华特)的过程中,我们所犯的最大错误是从现有的23家店中选拔了最优秀的员工过来,所以,我们实际上削弱了公司现有业务的继续和发展。**

尽管这9家店的销量只是我们原业务量的一半,我们仍然坚信可以成功将其打造成我们希望的样子。打个比方,这就像是拼命为一个每小时只能跑60英里的破轿车换上新轮胎,那是一段很痛苦的日子。

很长一段时间里,这些店的经营都是一团糟,它们并没有给顾客留下深刻的印象。我们就这样在这些店里徘徊往复,当时的决定显然不够明智。

第三个错误在于,我们不明白企业文化的重要性。原以为可以在很短时间内改变它们,但事情远非我们想象得那么简单。在我们看来,顾客第一,顾客的需要永远高于商店和员工的需要。

第二部分　首席执行官

> ⚠ 我们无法说服他们的门店经理走出办公室，真正关注顾客需求。我记得，有一天我们一位区域经理终于忍无可忍，开着叉车撞坏了他们经理的办公室。

我们认为，经理必须走出办公室，帮助顾客、了解顾客而不是坐在办公桌前浏览报告。

第四个错误是，我们丢掉了部分在华尔街辛苦挣得的信誉。在华尔街，信誉、信任至关重要，因为它们和市盈率以及一个公司的管理状况直接相关。我们原以为用不了多久就能帮那些店转型成功，但实际却花去了长达几年时间——远比我们向华尔街承诺的时间要长。

好在最终摆脱了困境，经过不懈努力，那些店终于重新焕发生机，利润增长了100%以上。

我们没有抱怨，也没有指责任何人，只是告诉大家我们做得不够好，但我们一定会为自己的错误决策负责。

这件事留给我们很多宝贵教训。虽然团队中的每个人都信心满满，但时刻隐藏危机的日常工作让我们学会了谦卑，如果还会遇到同样的情形，我们的处理方式一定会有所变化。

我们学到了很多……

首先，在以后的工作中应该更加注重平衡发展，因为我和伯尼都非常积极大胆，后来只好让董事会来约束我们；另外，我们在不断增加新店，最后商量决定每年将新店数量控制在一定范围内，同时也要考虑新旧市场的平衡和区域平衡。平衡发展这一目标保护了我们和公司的长远发展，董事会对这一决定也欣然接受。

其次，在对待企业文化方面，我们比以前更多了一份谨慎和严肃，因为就零售业而言，我们的工作目标和工作重心与美国其他公司非常不同，所以，如何让收购来的公司渐渐融入我们的企业文化是一个复杂、艰巨的任务，欲速则不达，必须杜绝草率行事。

最后，必须控制过快发展。如果这意味着我们不能很快打入新市场，那也只能耐心等待，例如，我们本可以更早开拓底特律市场，但为了避免操之过急带来的发展隐患，我们耐心等待了很久。莽撞、冒进不是我们的性格，也不符合公司整体形象，因为我们知道，一段时间里必须有自己非常专注的目标。

宝华特事件让我们更多了一份谦卑——就像总教练在球队大获全胜后给大家的告诫和提醒，成功会让人变得过分自信，甚至自负，并购事件让我们懂得了谨慎和谦卑。

在我和伯尼掌管家得宝的23年里，常有关于我们经营、管理或服务的正面报道，对那些溢美之词我们很少认真读过，有些即便看过，也很少把它们当作荣誉贴在墙上，这是因为我们更关心前面提到的"问题"和"角落"。

⚠ **相比之下，打入某一市场，与他人竞争并把他们成功挤出市场远比收购一个公司，然后改造它省财省力。**

亚瑟·布兰克相关介绍

亚瑟·布兰克是亚特兰大猎鹰队（Atlanta Falcons）的拥有者兼首席执行官，自 2002 年 2 月取得特许经营权后，他大刀阔斧地推行改革，为当地的猎鹰队球迷带来了新的惊喜。

在布兰克管理球队的第一年里，猎鹰队的赛季票销量增加了一倍（是美国国家职业橄榄球历史上赛季票销量年度增长最快的一支球队），此后，连续 56 场比赛座无虚席，门票全部售光，而且创造了球队历史上首次赛季排队购票的情形。在美国所有职业运动老板中，布兰克是最以创新和改革见长的一位，这使他成功吸引了一批国家职业橄榄球联盟中最杰出的主管、教练和运动员。

布兰克也是总部设在亚特兰大的 AMB 公司（AMB Group, LLC）的董事会主席、总裁和首席执行官，此外，他也是布兰克家族基金会主席，两家公司都是布兰克家族总公司的组成部分，它们的共同目标是通过财政资助、财政捐款或亲身实践回报社会。

布兰克因成功打造了世界上最大的家庭改建装修公司而声名远扬，他于 1978 年和伯尼·库克斯共同创办了家得宝公司，并于 2001 年以联席主席的身份退休。此时，家得宝已是道琼斯工业平均指数的组成部分，同时公司也被《财富》杂志评为"全球最受尊重公司"。在布兰克出任总裁的最后一年里，家得宝在哈里斯互动公司进行的年度最富社会责任感公司调查中排名第一。

布兰克相信改变的力量——无论对待事业还是个人生活，他

第九章 亚瑟·布兰克

都努力求新求变，推动其不断进步完善。在他打理家得宝的23年间，公司共捐出1.13亿美元，员工们也积极奉献，在他的带动下参加志愿者活动上万次。在领导专业运动队伍——亚特兰大猎鹰队的过程中，布兰克实践着同样的领导价值观，他的球队不仅技艺高超、自信谦虚同时也非常关注回报社会。

布兰克本人始终心怀天下，因为他的慷慨慈悲，亚瑟·M.布兰克家族基金会以及他和妻子已经为各类非政府组织捐出2.5亿美元，最近接受捐助的地方有亚特兰大、亚利桑那的马里科帕县、南卡罗莱纳的博福特县、蒙大纳的帕克县和加拉廷县。2000年，布兰克夫妇被美国募款高管研究会（National Society of Fundraising Executives）评为"年度乔治亚慈善家"。

布兰克在美国备受敬仰，他不仅在事业，同时也在回馈社会方面取得了令人瞩目的非凡成就。2008年，南卡罗莱纳大学授予他名誉人文博士学位，2006年，布兰克被水营足球基金会（Water Camp Football Foundation）评为"最杰出的美国人"；在大家的眼中，他不仅用勤劳和智慧改变了一个公司的命运，同时也改变了他的个人生活和他长期热衷的慈善事业。同年，布兰克入选青年成就组织设立的商业名人堂。福尔曼大学（Furman University）也在这一年为他授予了名誉人文博士学位。2005年，布兰克被安永会计事务所（Ernst & Young）评选为"美国优秀企业家"。

2003年，布兰克三年内两次被《乔治亚潮流》（*Georgia Trend*）杂志评为"乔治亚最受爱戴的CEO"。2002年，布兰克的名字走进乔治亚州立大学商业名人堂；此前除获得其他荣誉外，1995年，布兰克还被百森商学院（Babson College）评为"最杰出的企业家"，并在1998年授予他荣誉法学博士学位。

布兰克还在多个董事会任职，其中包括美国个人户外成长董事会（Outward Bound USA）、卡特中心董事会、埃默里大学董事会、考克斯企业（Cox Executives）和史泰博办公用品公司（Staples, Inc.）董事会。

2001年9月，布兰克加入埃默里大学的戈伊祖塔商学院（Goizueta Business School），成为该校首位杰出驻校执行官。目前，他仍是戈伊祖塔商学院的高级行政管理人员。2003年，布兰克还兼任了亚特兰大商会（Metro Atlanta Chamber of Commerce）会长。

布兰克在纽约的法拉盛地区（Flushing）长大，本科以优异的成绩毕业于百森商学院。大学期间，刻苦钻研、爱好广泛的布兰克还积极参与了多项课外活动。

他和妻子斯蒂芬妮（Stephanie）共有六个孩子、两个孙子。目前，他们和三个孩子生活在亚特兰大。布兰克崇尚工作生活两不误，即便如此，他仍积极出外工作，在他最喜欢的T恤衫上写有这样几个醒目的大字："没有终点"。

第十章

大卫·诺瓦克

百胜餐饮集团首席执行官
《意料之外的 CEO》一书作者
百事可乐公司前高级执行官

"多数成功者聪慧精明、雄心勃勃,总有一种强烈的紧迫感,尽管这些品质不可或缺,但在我看来,一个人能否有所成就主要取决于他是否勤于学习,敏于思考。"大卫·诺瓦克(David Novak)说。

身为百胜集团总裁兼首席执行官的诺瓦克从未停止学习,他亲力亲为,亲自采访,与顾客面对面地交谈,分析制定决策(毕竟百胜是一个快餐——抱歉——提供快捷服务的公司)。他的商业知识并非获自于著名的常春藤高等学府,他也从不掩饰自己的卑微出身,诺瓦克在拖车式活动房屋中长大、上七年级时他的足迹已遍布美国 23 个州。他说:

事实上，我想我已经获得了哈佛大学的工商管理硕士学位。虽无缘大学的正规教育，但我得到了充分训练；虽然天资没有得到充分开发，但我有幸与有学识、有头脑的人共事，我如饥似渴，从他们身上汲取了很多养分。

百胜餐饮集团是全球餐厅网络最大的餐饮集团，在全球110多个国家和地区拥有超过37000家连锁餐厅和140万名员工。其旗下有塔可钟、肯德基、必胜客、海滋客、艾德熊等著名品牌。2009年，百胜收入接近110亿美元，它是一个规模不小的餐饮公司。

"很幸运能从事自己喜欢的餐饮业，做自己钟爱的事，"诺瓦克说，"所以学习对我来说很快乐，在这里，有人教我、帮我、指导我，这难道不是人生最值得庆幸的吗？

事实上，他的成功——他领导的百胜集团的成功——都可以归结为他对人的了解。"我的出身，我的家庭背景让我对人有了更敏锐的直觉，我能看到实质，能比其他人更迅速地对情况做出判断。"

诺瓦克也深信激励的力量，鼓励、认可是他的管理特点，同时也是百胜企业文化的基石。出任肯德基董事长期间他设计了各种富有创意的小奖品，如软橡胶小鸡；管理必胜客期间他又推出了讨人喜欢的圆头小螺栓；任百胜总裁后，他又将设计精巧的会走路的牙齿奖给员工。讲话中他也常不忘激励每一个人，为辛勤付出的人们送去温暖、关怀，让人们充分感受到强大的团队凝聚力。在《意料之外的CEO》(*The Education of an Accidental*

CEO）一书中，诺瓦克说：

> 无论你面对的是一位高级管理人员，还是普通送餐工，你都不能低估鼓励、认可的力量。告诉他们"你做得很好"会激发更大的工作热情。

但百胜的餐厅网络如此之大，你如何激励那些不能经常见面的员工？"聘用称职的管理人员，让他们负起责任"，诺瓦克说：

> "在我们公司，每位员工的上面都有一位总裁或总经理或职能领导人，而他们的下面又有许许多多支持餐厅发展的人。他们各司其职，有条不紊；要相信他们，同时也要根据人们是否需要你的帮助来灵活管理。"

诺瓦克总结说："当你拥有一个跨国公司时，我想最重要的就是培养自己"用人、激励人"的能力。我常说，给我一个优秀的企业，我就能为你培养一位优秀管理者。"

口述实录

大卫·诺瓦克最有价值的错误

我一生中最大的失误出现在出任百事营销总监的时候，那时，我刚从必胜客调来不久。过去的四年里，我们的销售和盈利都实现了翻倍，广告、营销策略和产品种类都在翻新成长，所以，百事首席执行官罗杰·恩瑞克（Roger Enrico）请我来负责百事的营销工作，这无疑是非常艰巨的任务。

我立刻投入工作，积极了解过去推动百事增长的各种因素，结果发现新产品——如"瘦身"产品的推出，以及产品包装上的创新——如两公升瓶装或24听包装等才是百事销量增长的真正原因。但那个时候，百事可乐却将注意力全部投在了广告明星上，他们在努力寻找下一个迈克尔·杰克逊，以前，他们邀请过麦当娜和M.C.哈默（M.C. Hammer）。

在深入调查研究后，我发现，真正推动百事发展的不是广告而是新包装和新产品，因此，我决定将注意力转向它们。

产品方面，当时的百事销售已渐渐下行，原因之一是更多饮料品种涌向市场，如矿泉水、清爽加拿大水等，新产品的出现使消费者有了更多选择。

⚠ **我注意到，最受欢迎的饮料通常都非常清澈透明。一天，我坐在办公室想，为什么我们不能推出一款晶莹透明的百事可乐呢？我为这一妙想而激动不已，我们完全可以打造一款不含咖啡因的百事饮料。**

主意已定，我们走上街头开始了调查询问，发现顾客对这种百事可乐很感兴趣。只要产品好，他们就不会拒绝尝试。另外，百事是全球响当当的饮料品牌，有新产品推出时，很多人自然会积极尝试。

第十章 大卫·诺瓦克

我们进一步在产品上下功夫，新百事有淡淡的可乐味，我们称它为水晶百事，接着，我们又在科罗拉多做了市场测试，结果证明非常成功。哥伦比亚广播公司对我们的无色水晶百事做了大量报道，就像当年的库尔斯啤酒一样，人们开始大量购买运输，因为在他们生活的地方还无法买到这种新产品。很多人都想一尝为快，新产品的需求量很大。

我又在年轻消费者中做了测试，收集到的数据和观察到的结果都让人信心大增，但至此，我还没有去装瓶厂做过调查，等我向他们兴致勃勃地介绍过产品和测试结果后，他们说："大卫，这个想法很好，但有一个问题必须注意，那就是它尝起来并不像百事。"

我马上做出解释："我们并不希望它在口味上和百事可乐毫无区别，它的味道更淡一些，这样很好，如果新产品和百事口味完全相同，我们是很难增加销量的。这应该是我们产品的一个延伸，所以应该和百事有所区别。"

⚠ **装瓶厂的人离开了，他们一直在说"新产品尝起来不像百事，但你们还称它为百事，叫它百事，口味就应该更像百事。"我不停地解释，坚持认为这一努力将为百事的销量上升做出积极贡献——但坦率地讲，当时的确没有认真听取他们的想法。**

另一个原因是，我非常希望我们的产品能在即将到来的美国"超级杯"橄榄球赛上精彩亮相，百事常常会为这一赛事提前准备。当时已经进入第四季度,我不希望我的到来无所作为,推出新产品是我的愿望。

⚠ **我并没有用心倾听。决心已定,马上付诸行动,当时听到的评价和反应让我确信水晶百事很快将成为全国饮料新宠。**

我们积极推进,加紧生产。当时,公司饮料销售不容乐观,我们心急如焚,希望能够很快突破瓶颈。全速推出新产品在我看来是解决问题的最佳途径。

经过大家的共同努力,终于在"超级杯"到来前一切准备就绪,这是我们第一款高价饮料。通常,百事和可口都保持着低价位,但在特许装瓶商的建议下,新产品高价问世。

⚠ **我问他们:"为什么要这么做?"他们的回答是:"因为这款饮料寿命不长。"**

他们认为,水晶百事只是花拳绣腿的东西,不会在市场上长久生存。

我们一意孤行。不料装瓶后却发现饮料质量落后于我们在实验室和市场测试中提供的样品,经过批量生产,饮料口味似乎比我们原想的还要淡。

人们的反应也一样很淡。我们投入了大量人力物力,结果却让人失望之极,最主要的原因是"它尝上去不像百事"。

第十章 大卫·诺瓦克

这件事让我感想颇多。很多时候，和别人交流时，你必须信心十足，因为你认为是重大突破或灵机妙想的，其他人未必认同。所以，必须有勇气，有信心。我常说，在我们努力的每个阶段都会有人站出来说丧气话、风凉话，这时，我们自己更要坚定信念、忠于内心。

⚠ **但同时我也看到，虽然我们在面对怀疑时应该相信自己，不让质疑和批评声挡住我们前行的道路，但同时也必须承认，有些质疑可能是有道理的。**

我想，只有谦逊的人才能意识到别人的观点可能是正确的。因此，必须静心聆听，充分理解他们的质疑，看清事实，然后再埋头苦干才能确保自己的方向和决策不会失误。从此，我开始以这样的方式投入工作。

水晶可乐是我们多年来在饮料创新方面取得的重要进步，你们今天看到的百事产品都是早期饮料口味的延伸，这一想法很超前也很有创意，但因为自己当时没有认真倾听，导致在后来的执行过程中出现失误。

提问：在我们前进的道路上总有人提出反对意见，这是否说明我们得到的大量负面反馈应该被看做是一种很好的警示？

我想，我们的特许经营商都一定相信我们能推出更有创意的新产品。我自己当时将太多注意力放在了新产品的上市上，我的紧迫感、希望扭转公司业绩的强烈愿望、我的热情和信念——所有这些优秀领导者应该具备的品质在这件事情上都扮演了负面角色。就像有人曾讲的，你最大的优点很可能也是你最大的缺点，我信心十足，勇往直前，当时没有什么能让我的脚步慢下来去认真倾听不同的声音。

如果那时我能给自己多些时间，周密计划，确保每个环节运行正常，水晶可乐就可能成为饮料行业里最了不起的创意，它本可以大获成功。

大卫·诺瓦克相关介绍

大卫 C. 诺瓦克是百胜餐饮集团（纽交所：YUM）总裁兼首席执行官，百胜是全球餐厅网络最大的餐饮集团，在全球110多个国家和地区拥有超过37000家连锁餐厅。2009年，百胜总收益接近110亿美元，包括销售额和特许经营费用。公司旗下的肯德基、必胜客、塔可钟、海滋客分别是全球鸡肉类食品、比萨、墨西哥风味美食和海产快餐的领军者，百胜在全球范围内有超过140万名员工和特许经营伙伴。2009年，百胜在国外每天有四家新店开业，日新月异的发展使其在国际零售业稳居领先地位。

诺瓦克把握着公司的总体战略方向，这些战略主要体现在以下四个方面：（1）在中国各地打造多种主导品牌；（2）推动公司在全球范围内快速发展，争取在每个地方推出强势品牌；（3）大力提高美国品牌地位，确保品牌的持续发展和品牌收益；（4）发展在业界处于领先地位、长期稳定的投资者，提高特许价值。自1997年脱离百事可乐后，百胜餐饮集团的海外利润已从原来的约 20% 上升至现在的 60% 以上，在餐饮行业，它是投入资本回报最高的一家公司。

另外，诺瓦克每年也花大量时间负责培训公司管理人员和特许经营人，他的领导技能培训尤其强调团队合作、顾客第一和相互信任的理念，"以人为本"是每次培训项目不变的主题。

执掌百胜前，诺瓦克是肯德基和必胜客总裁，他也曾在百事可乐公司担任首席运营官、营销总监等高级管理职位。

中国区负责人和世界其他地方的百胜连锁餐厅高管必须就业务和餐厅未来发展问题向诺瓦克汇报，这位运筹帷幄的首席执行官也是投资银行摩根大通的董事，百胜餐饮集团基金会及"世界粮食计划署之友"董事（Friends of the World Food Program）。同时，他也是商务委员会和美国企业高管协会会员（American Society for Corporate Executives）。长期以来，诺瓦克积极支持联合国粮食计划署和粮食银行（Dare to Care Food Bank）的各项工作，为消除饥饿做出了积极贡献。2008 年，诺瓦克荣获"威尔逊企业公民奖"。

第十一章

比尔·弗里斯特

在范德比尔特大学建立了器官移植中心
范德比尔特大学商学和医学教授
美国参议院多数党领袖（2003—2007）

通过心脏移植手术延长寿命的病人一定不会想到这种高难度手术也可能出错，但成功的器官移植正是不断从错误中吸取教训的结果。外科医生比尔·弗里斯特（Bill Frist）（没错，他就是前参院多数党领袖）帮助建起了范德比尔特大学的第一个器官移植中心。

"每解决一个问题，新问题总会接踵而至。"弗里斯特这样描述他的早期器官移植研究。

20世纪80年代早期，弗里斯特就已经是毕业于哈佛医学院的心脏外科医师了，即便如此，他仍潜心研究，并在心脏移植领域的开拓者——斯坦福大学的诺曼·萨姆威（Norman Shumway）

的指导下又学习了一年多时间。

"心脏移植两周后，病人会出现排异反应，但这时很难做出有效诊断，"弗里斯特讲起了萨姆威在斯坦福采用的科学方法，"萨姆威医生返回实验室，着手发明新的诊断排异反应的仪器——像生物切片器，你可以将它从颈部嵌入，深入至心脏，切取少量心脏肌肉，在显微镜下仔细观察，通过这种方式采取的对症治疗可以使病人坚持到第十六周。但紧接着会出现感染，萨姆威只好再次回到实验室，发明一种能够起效的免疫抑制药物。"

一谈起心脏移植，弗里斯特就有讲不完的故事，他的神情、他的声音无不流露出对终生孜孜以求的器官移植和医学研究的无限热情。在《移植》(Transplant)一书中，弗里斯特详细记录了自己亲身经历的一次非常成功的心脏移植手术。书中细节包括打听器官捐赠者，在众多排队等候者中确定接受捐赠的病人，深夜乘私人飞机或等待直升机取走捐赠者心脏，然后匆匆赶回医院挽救病人，实施移植手术的过程，这些细节和大屏幕上的功夫片一样扣人心弦。

在大学二年级的一节生理学课上，弗里斯特对心脏产生了浓厚兴趣，他说自己当时就好像着了魔。正如他在《移植》中讲到的，心脏和其他器官一样，在我们的身体中起着特定作用，"但大多数人觉得心脏有很多生理以外的作用，当我们心惊胆颤、悲痛欲绝、欣喜若狂或痛失所爱时都会有心跳加速，心脏停止跳动或心碎的感觉。很久很久以前，人类就将情感和心脏紧紧联系在了一起。"

在范德比尔特建起第一个心脏移植中心后，弗里斯特并没有停止努力,紧接着,他又启动了其他器官的移植项目。"我们的项目优点就在于,大家都在一个屋檐下,我们集中在一起,它是一个多学科研究中心,能够做五种器官的移植手术。

"我们组建了多学科研究团队,这个团队可以做心脏移植、肾移植、肝移植、胰腺移植和骨髓移植,我们在同一个中心工作,这一概念在当时是全新的,没有人做过这样的尝试,即使在斯坦福也没有这样的先例。"

弗里斯特这样做的初衷在于促成大家更好地学习,时至今日这种做法仍在延续。现已是范德比尔特大学商学和医学教授的弗里斯特自豪地说:"研究人员可以互相请教,我们在同一个中心工作,大家可以在走廊里交流新发现、新成果、新的研究方向和临床实验,从而更好地实施各自的移植手术。

"我的总体方法是:排异归排异,感染归感染,你不能因此组建五个团队分别研究五种不同过程,因为其深层生物过程是相同的。"

是的,医学领域不会花大量时间研究过去的错误,但自一开始,从错误中总结教训就已经成了科学研究的一部分。事实上,挽救生命的过程之所以在不断进步,是因为我们在不断学习,在不断从错误中吸取教训。他说:

> 科学研究是一个从错误中积极学习的过程,它需要数据——各种测量数据和指标——并应用它们使科学和发现更有效、更有价值,科学进程绝不是偶然发现的结果。

弗里斯特在移植领域成就卓著，这一切都离不开他当初的决定。而他当时毅然决然的离去在一些人眼中显然是不折不扣的错误。

口述实录

比尔·弗里斯特医生最有价值的错误

1982年，我离开纳什维尔前往波士顿，因为在很多人看来当时的波士顿是心脏手术和医学研究的圣地，但相关人士的答复却让我失望之极。波士顿七家医院和所有医学研究中心经过讨论后给出的回答是："心脏移植是一个新领域，目前还需要进一步论证，而且移植手术费用过高，所以我们决定在波士顿暂时停止心脏移植。"

苦读十载，我的梦想就是从事心脏移植的尖端研究，努力在这一前沿领域掌握最新技术，推动移植技术进步，取得良好的临床结果。

我失望至极，多年的梦想就这样被波士顿医学圈的一个愚蠢决定击得粉碎，他们是在逆潮流而行，心脏移植是医学研究和解除病患的必然方向。

这一决定正是我崇拜的大医院和临床医生做出的，突然有一天，他们对我钟情痴迷的医学领域给出了否定回答，我陷入了深深的困惑。

第十一章 比尔·弗里斯特

⚠ **接纳那些半年后将失去生命的人们，并帮助他们多活 10 年、20 年、30 年，甚至 40 年一直以来都我最梦寐以求的事。**

波士顿有着心脏手术研究的光荣历史，本应对这一领域有浓厚兴趣，但他们的回答非常坚决："不，我们做不了，费用过高，还是留给别人做吧！"

我和卡瑞恩（karyn）当时已经有了第一个孩子，摆在我们面前的是非常艰难的决定：是否回到哈佛，按部就班地过一种稳妥生活？如果留下来，毫无疑问，我会从实习生做起，一步步成为住院医师、研究员，再到副教授，教授。

⚠ **我们是应该求稳，在波士顿丰衣足食，向教授和临床主任的方向努力还是应该勇往直前，大胆追求梦想，在很少有人涉足的心脏移植领域做出新发现和新研究？**

经过一番痛苦的思想斗争后，我们离开了波士顿。

那个时候，全国只有一个人在心脏移植领域做着系统、持续的研究工作，这个人就是当时在斯坦福大学工作的诺曼·萨姆威。

我们收拾行装，离开波士顿，放弃了希望在那里长久工作、生活的机会。到了斯坦福，我做了移植手术方面的高级研究员，学习如何实施心脏移植手术。尽管世界上第一例成功的人类心脏移植手术是克里斯蒂安·巴纳德博士（Dr. Christiaan

Barnard）医生主刀的，但手术方法却是建立在萨姆威所有前期研究基础之上的。

萨姆威的方法以科学为基础，他的研究是系统的、专注的。

⚠ **这种对待未知领域的科学的、系统的研究方法是我从他那里学到的最重要、最宝贵的东西。无论走到哪里，从事怎样的工作，这种方法都能让我受益匪浅，如果当初留在波士顿，我就永远不会得到这笔财富。**

萨姆威常说："相信我，一定能成功，想想该怎么做，去做就行。"在波士顿，他们只是重复着这样的话"我们不确定是否能做，费用过高，需要借助其他资源，所以，还是不要应用于临床的好。"他们的意思是，心脏移植没有价值，所以给我的回答并不是"来，让我们一起努力，在这一领域创造价值"，而是"不，我们还是把钱投到别的地方吧！"

⚠ **我个人从这件事中学到的是，遇到路障，又没有得到他人的支持和鼓励并不可怕，你要相信它，有信心，有激情，不轻易对自己坚持的方向说"不"。越是艰难，就越要有魄力，越要勇敢追求所爱。**

如果那意味着放弃一个你可以度过30或40年的舒适、稳定的职业——正如我当初那样，那也值得一试。让我们求教于某位不迷信权威，甚至还未被主流接纳的人，如萨姆威，精心聆听内心最真实的声音，勇敢追随激情，实现我们可以实现的梦想。

医学博士比尔·弗里斯特相关介绍

外科医生、参议员弗里斯特是美国国内公认的心脏和肺移植专家，他也是前美国参议院多数党领袖。目前，他任教于范德比尔特大学，是那里的商学和医学教授。在卫生医疗政策方面，弗里斯特是非常权威的发言人，丰富的专业知识使他在有关医疗的讨论中总能提出很有价值的建议和意见。参议员弗里斯特是美国医疗方面最有影响力的领导人之一。在《现代医疗》（*Modern Healthcare*）杂志所做的"对美国医疗最有发言权的人"的五次年度调查中，弗里斯特都位居前十，在美国能获此殊荣者仅有两人。

在普林斯顿大学公共国际关系学院读完卫生政策专业后，弗里斯特又来到哈佛医学院深造，并以非常优异的成绩毕业，此后他又前往麻省总医院（Massachusetts General Hospital）和斯坦福大学接受外科手术培训。身为范德比尔特大学器官移植中心的创始人和主任，弗里斯特至今已完成150多次心脏和肺移植手术，并撰写了100多篇由同行专家审阅的医学学术文章，400多篇报刊文章，完成专著七部，内容涉及生物恐怖主义、器官移植以及领导能力培养等。他同时拥有（医学）公会认可的普外科和心脏外科资格执照。

在12年的参议员生涯里,弗里斯特同时忙于两个委员会——医疗委员会和财务委员会,为医疗立法做出了杰出贡献。和历史上的其他多数党领袖相比,他在议会工作的时间最短。在他的领导下,美国通过了处方药立法并积极筹集资金为本国和全球的艾滋病防治做出了贡献。

弗里斯特的新作《济世之心》(*A Heart to Serve: The Passion to Bring Health, Home, and Healing*)是一部鼓舞人心的著作,他号召人们追求梦想,通过在医药、政治和全球卫生领域的努力为人类奉献力量。书中讲述了他自己童年时期接受的家庭教育,以及在领导道路上付出的艰辛和努力,同时记录了他如何通过心脏移植帮助他人,以及为全世界人民的医疗、卫生奉献终身的决心和愿望。读者可以借此看到很多幕后故事,了解其为美国驻伊拉克最高指挥官大卫·彼得雷乌斯(David Petraeus)实施手术的过程,一睹其独一无二的医疗经历和在英国国家卫生署(British National Health Service)的工作过程。书中揭秘的一个心脏外科医生如何登上参院多数党领袖位子的细节也非常引人入胜。

今天,参议员弗里斯特的工作重点主要体现在以下方面:国内医疗改革、K-12(从幼儿园到12年级)的教育改革、心脏移植基础科学、低收入国家的经济发展、全球儿童健康问题、医疗差距、苏丹的医疗救助、山地大猩猩的健康问题和艾滋病防治工作。

弗里斯特也是约翰逊基金会成员,当前致力于将健康和教育紧密联系的宏大项目——"建设更健康的美国"。在这一工作和

第十一章　比尔·弗里斯特

前期教育研究工作的启示下，弗里斯特于2009年启动了"田纳西州协同教育改革计划"（SCORE），旨在提高田纳西州幼儿园到12年级孩子的教育水平。

弗里斯特每年都会带队到非洲，为那里的人们提供医疗服务，他是国际慈善组织救助儿童会发起的"活到五岁"（Survive to Five）项目的负责人，同时也是"纳什维尔医疗与和平希望工程"（Hope through Healing Hands）负责人。除此之外，他还在以下组织担任董事：凯萨家族基金会（Kaiser Family Foundation）、千年挑战公司（Millennium Challenge Corporation）、非洲救援组织（Africare）、美国大屠杀纪念馆良知委员会（Holocaust Museum's Committee on Conscience）、史密森尼自然历史博物馆（Smithsonian Museum of Natural History）、华盛顿策略和国际研究中心（Center for Strategic and International Studies）、哈佛医学院研究员董事会（Harvard Medical School Board of Fellows）。

2007—2008年，参议员弗里斯特受邀为普林斯顿大学国际公共事务学院学生讲授国际经济政策。弗里斯特也是克莱斯股份公司（Cressey & Company）的合作伙伴。他和妻子共育有三个儿子，目前生活在纳什维尔。

第十二章

芭芭拉·柯克兰

辞去了服务生的工作，拿借来的 1000 美元在纽约成立了一家小型房地产公司，今天的柯克兰集团已是美国最大的房地产公司之一

据报道，以 6600 万美元卖掉了公司

美国广播公司（ABC）实境节目《创智赢家》的特邀嘉宾

人人都希望成功，因为成功给予我们分享经历的机会，很多人都会在他们的自传中大秀取得的成就和荣誉以证明自己的与众不同，而芭芭拉·柯克兰（Barbara Corcoran）却在其传记的一开始写道："芭芭拉·柯克兰的资历包括，高中、大学各科成绩亮红灯，23 岁前经历过 22 份失败的工作。"

并不是我们常看到的"毕业于哈佛商学院"，是吗？

但这正是芭芭拉·柯克兰性格的一个缩影，她坦诚、直率，这种性格还有她的聪慧和脚踏实地帮她铺就了辉煌的成功之路。

还有谁会给自己的书起名为《如果你不是美女，就请在马尾上系一根丝带》(If You Don't Have Big Breasts, Put Ribbons on Your Pigtail)？

高超的推销技能、直截了当和真诚坦率的性格帮她取得了今天令人艳羡的财富和地位。柯克兰打造了纽约最大的房地产经纪公司之一，并以6600万美元的高价卖出，从此跻身富豪行列。作为美国广播公司（ABC）实境节目《创智赢家》(Shark Tank)的特邀嘉宾，她会毫无保留地和观众们分享她的投资和管理智慧。

在美国广播公司的电视节目网站上，芭芭拉说："如果没有一个精明能干，眼光独到的销售员，任何一个美国公司都很难从刚刚起步转向稳步发展，再到有所成就；没有优秀的销售人员，公司很难化险为夷，由弱做强。"

芭芭拉已有四五本著作出版，书中记录了她成名致富的过程。柯克兰集团现已是纽约最大的房地产经纪公司之一，这家声名显赫的大公司是她在20世纪70年代用借来的1000美元打造起来的。2001年，据报道，柯克兰以6600万美元的高价卖掉了她倾注了大量心血和智慧的房地产公司。麦当娜（Madonna）、杰瑞·赛菲尔德（Jerry Seinfeld）、布兰妮·斯皮尔斯（Britney Spears）、李察·基尔（Richard Gere）、科特尼·考克斯（Courtney Cox）等名人都曾是她的忠实客户。

爽朗的笑声过后，芭芭拉讲起了她如何从一位有诵读困难的差生一步步成长为大苹果城有史以来最成功的房地产经纪人之一的故事。

第十二章 芭芭拉·柯克兰

口述实录

芭芭拉·柯克兰最有价值的错误

1981年刚刚推出"柯克兰报告"时我犯过这样一个错误。当时,我们的报告基于1981年全年的十一单销售,我把它们列成清单打印出来,将销售额累加后除以十一,得出结果——255000美元,我随手在旁边写上"公寓均价"。然后把单子交给了《纽约时报》的记者,错误就在于我在信头上加了"公寓均价"四个字,因为这是纽约第一份地产行情报告,于是,周日报的房地产版面头条上出现了我们的信息。从此,我们成了地产行业的信息源头,有了纽约房市行情的发言权,我的名字渐渐传开。此后,很多人打来电话咨询价格、数据。但这并非有意为之!

⚠ 我犯过的最大错误就是推出了"房屋录像"(HOT)。20世纪80年代末到90年代初的房地产萧条后,终于,我们迎来销售的曙光。那一年,公司净赚73000美元,我分文未取,全部用于"房屋录像"。但没想到寄予很高期望的销售新招竟没有带来任何回报。

这个想法非常不错。我们找人为房屋录像,每次录像的末尾还会出现经纪人的面孔和他们的电话号码,整个操作简

第二部分 首席执行官

单省时,每套公寓录像只需约 30 秒钟。在第一张录像带上我们展示了约 87 套公寓,顾客们甚至不用离开自家卧室或客厅就能获取信息。很多人直接打来电话问"能给我们寄张公寓录像带吗?",就这样,我们要么寄去录像带,要么准备好带子顾客亲自来拿。

但这种做法最致命的弱点我当时并没有察觉,因为录像带中会出现销售人员的面孔和他们的电话号码,这样一来,没有销售人员再愿意去做讲解、促销工作。他们担心客户会更喜欢其他销售人员,因为从录像中可以清楚地看到有人年轻英俊,有人已经是圈里的老面孔,但也有人相貌平平或看起来毫无经验……所以,我忘记了最重要的一点,那就是我们虽一起共事,但同时也是强劲的竞争对手。

⚠ **我能做的就是把它们交给当时很新奇的玩意儿——因特网,这样做只是为了挽回颜面,假装并未犯错。有了网络的第一周,我们就成功售出一套公寓,直到四年多后其他房产商才想到求助于因特网。所以,曾经未能收回的投资很快被销售新突破取代,这实属意外。**

我的竞争对手在我们使用网络大约四年后竟然还没有自己的网站,等他们有了网站,我们早有了聊天室,有了虚拟购物体验,凡我能想到的怪点子我们都一一尝试。这方面我在行,对手们被远远甩开。一切都为了挽回颜面——自尊有时能起到意想不到的作用。

我从"房屋录像"的失败中吸取的教训是：如果一件事无论怎样做都是一场灾难，那么，在这幅灾难图景的前方一定有另外一幅不易察觉的美景，继续前进，付出少许努力，那些我们苦苦寻找的宝贝就在不远的前方。像很多人一样，我原本可以轻轻松松地勾销那些损失。

⚠ 但我看到，只要我们愿意追问："究竟怎样才不会使情况更糟？"再往前推进一小步，付出 5% 或 10% 的努力，情况就会大有不同。

所以，当很多人说："忘掉它吧。"我会坚定地回答："不，等等，想想我们还能做些什么？"

芭芭拉·柯克兰相关介绍

芭芭拉·柯克兰读高中和大学时多个科目考试未能通过，23 岁前做过 22 份不同工作，但接下来的第 23 份工作让她成了美国最成功的企业家之一。当初，她向男友借来 1000 美元，辞去餐厅服务生的工作，在纽约成立了一家小型房地产公司。25 年后，曾经的 1000 美元变成了总资产 50 亿的房地产公司。

芭芭拉是《如果你不是美女，就请在马尾上系一根丝带》一书作者，这本商业类著作很快登上全国畅销书排行榜。书中，芭芭拉记录了她在校学习时遇到的困难，分享了母亲的餐桌智慧对她的启发，以及商界打拼对她性格和气质的历练。这本书以崭新的视角、坦率的语气讲述了如何在商界和生活中梦想成真。可以说，它是一本温馨、隽永、鼓舞人心的智慧宝典。她的第二本书《下一个房产投资方向》(*Nextville：Amazing Places to Spend the Rest of Your Life*) 也很快登上畅销书排行榜。

芭芭拉是 ABC 实境节目《创智赢家》的特邀嘉宾，同时也是 NBC 电视台《今日秀》的特邀房产评论专家；她还为《摩尔》(*More*) 杂志撰写专栏。此外，芭芭拉也常做客家居频道的《十佳排行榜》节目和生活娱乐频道的《一口价》节目。

无论走到哪里，芭芭拉总能以丰富的阅历和无尽的工作热情打动听众，她的真诚、坦率和实事求是的人生态度激励着每一个为梦想而奋斗的人。

第十三章

史蒂夫·福布斯

福布斯集团总裁兼首席执行官

《福布斯》杂志总编

1996 和 2000 年，美国总统候选人

早在史蒂夫·福布斯（Steve Forbes）竞选总统前，他就是一位与众不同、见解独到的人，他喜欢讲起自己曾经的怪念头，福布斯回忆说：

上小学时，我曾给班里同学办过报纸。在其中一期报纸上，我试着用老师平时评估我们的方法给老师打了分，写了评语。但那份报纸并没有被同学们看到，父亲没收了我的报纸，他板着脸说："你还想惹上更多麻烦吗？"

这正是史蒂夫·福布斯讨人喜欢的地方，这位温文尔雅的福布斯集团总裁从不装腔作势，夸夸其谈，但他决心让整个世界都听到他的声音。

雄心壮志只是他让我们感到惊讶的一个方面，更令人出乎意料的是，他还在福克斯新闻频道推出了名为"《福布斯》在福克斯（Forbes on Fox）"的商业秀节目。身为该节目的评审专家，他也常常借助这一平台发表自己的独到见解，如鼓励平头税制、要求减少政府干预和管制、建议投入更多资金解决全球性问题，节目录制结束后，他还会邀请大家与他共进午餐。

史蒂夫的个人资产我了解不多，但据估计，目前已接近5亿美元，甚至更多。这样说吧，他完全不用为日常开销彻夜难眠。

所以，他会带大家到哪里就餐呢？原来是一家快餐连锁店——温蒂汉堡。

也许，他持有温蒂汉堡的股票，但是否持有他们的股票对史蒂夫的整体投资影响甚微。选择这样的餐厅是因为：在这里，他可以和每个人打成一片，很多人和他素不相识，因此无须考虑如何在相机、摄影机前故作姿态，也不用为竞选总统而故意作秀。或许是某种讽刺意味、某种玩笑，也或许是这里的美食吸引了他，无论如何，他在乎的不是别人怎样想而是自己如何思考。

1996年和2000年两次总统竞选时，史蒂夫都对美国当时的政治思想提出了批评。一直以来，他坚持推行单一税制，希望用这种简化税制代替美国传统的、复杂的税收制度。对普通选民来说，史蒂夫的其他政见他们可能闻所未闻，但他对平头税的支持几乎无人不知。

第十三章　史蒂夫·福布斯

史蒂夫极力推行的税制改革并未成功实现，至少现在没有。但无论如何，我们因此了解了单一税制，也了解了史蒂夫·福布斯。

口述实录

史蒂夫·福布斯最有价值的错误

读大学时，我和两位同学一起决定创办一本商业类杂志，当时我读二年级，另外两位都是一年级新生。我们给自己的杂志起名为《今日商业》(*Business Today*)，每个季度初发行。第一期发行了 5000 本，第二期的发行量暴涨至 20 万本。这份杂志能让同学们对以后希望从事的行业有更深入的认识和新的见解，想想，那是 20 世纪 60 年代，正是校园激进主义思潮最盛的时期。

其中几期刊登了我们一针见血、言辞激烈的评论文章，文中对部分学生暴乱者提出严厉指责——指出他们的做法是错误的，警察是正确的！从此我们在学校（普林斯顿大学）的发行量直线下降。另外一个不受欢迎的原因是，它是一份商业类杂志，所以，我们被看成了法西斯主义者、傀儡、主张寡头政治的人。一些学生甚至烧毁我们的杂志，那是一段非常特殊的大学经历。

⚠ 当时，父亲告诉我："做杂志主编会占用你所有时间，在校学习一定会受到影响。"没错，学术上我的确没有花太多时间,从这个意义上讲,当时的选择是错误的。但办刊经历让我快速成长起来,不用去大学,工作过程中就能接受一流的工商管理硕士教育。

我很快懂得,天上不会掉馅儿饼,一切都要努力才能得到。我也开始明白什么是现金流,如何应对怒气冲冲的小商贩;也学会如何统筹时间,在最后期限前顺利完稿。那个时候,我们对出版的相关细节一无所知。

账单、票据、分工——大多工作人员都是学生志愿者,你又不能解聘他们,所以,我常感到一筹莫展、手足无措,有时甚至彻夜难眠。

每天,甚至每时每刻都有新的挑战,那时,你才深刻体会到什么是压力。

⚠ 当时,我们没有赚到什么钱,后来,我们的接替者发现组织会议是不错的出路,时至今日,他们每年还会组织一两次大型会议,邀请美国企业界领导人和学生们面对面地交流讨论。

有时,我也会在会上发言,但已经不再负责杂志的出版工作了。

第十三章 史蒂夫·福布斯

史蒂夫·福布斯相关介绍

史蒂夫·福布斯是美国福布斯集团总裁兼首席执行官和《福布斯》杂志总编。

自1990年走马上任后,史蒂夫带领公司大力拓展业务,推出多种新的出版物和商业刊物,如专门报道另类生活的特刊——Forbes FYI 和1998年发行的福布斯杂志国际版(Forbes Global)以及中文版、日文版、阿语版、希伯来语版、韩国版、巴西版、俄罗斯版《福布斯》杂志。除此以外,福布斯还推出《吉尔德科技月报》(Gilder Technology Report)及多种投资通讯。

1997年,福布斯加入新媒体竞技场,提供网络版Forbes.com,该网站目前每月有700万人次的浏览量,已然成为投资者和商业决策者的首选浏览网站。

福布斯集团旗下还设有福布斯管理会议集团(Forbes Management Conference Group)和福布斯传媒(Forbes Custom Media)等子公司。

史蒂夫·福布斯同时也是福布斯集团旗下美国资产(American Heritage)公司的董事长,该公司是《美国资产》(American Heritage)杂志和《美国遗产》(American Legacy)季刊以及《美国发明&科技资产》(American Heritage of Invention & Technology)季刊的出版商。

福布斯集团的旗舰出版物《福布斯》(Forbes)是美国首屈一指的商业类杂志,发行量超过90万本。《福布斯》和《福布斯国际》在全球拥有近 500 万名读者。

福布斯先生为每期杂志撰写专栏，题为"事实与评论"（Fact and Comment）。史蒂夫·福布斯是备受尊敬的经济预言家，他是唯一一位四次获得水晶猫头鹰奖（Crystal Owl Award）殊荣的商业分析人士。该奖项最早由全美钢铁公司（U.S Steel Corporation）正式颁发给准确预测了来年经济形势的金融新闻从业人员。

1996 年和 2000 年，史蒂夫·福布斯积极参与共和党总统提名。其主要政见包括推行单一税制、建立医疗储蓄账户和为美国劳工阶级提供更多社会福利、支持家长为子女选择就读学校等；同时，他还就任职期限、加强国防等提出重要建议。史蒂夫·福布斯是以上议题的积极推广者。

1996—1999 年，史蒂夫·福布斯一直是 AHGO 组织（"美国人追求希望、成长、机会"）的荣誉主席。AHGO 是一个基层组织，它提倡高成长，强调自由、家庭和谐等。

1993 年 12 月到 1996 年 6 月，史蒂夫·福布斯担任"授权美国"（Empower America）的董事会主席，该组织是杰克·康普（Jack Kemp）、比尔·贝纳（Bill Bennett）、珍妮·柯克帕特（Jeane Kirkpatrick）共同创立的政治改革机构。

福布斯先生也是《自由的新生》(*A New Birth of Freedom*)（Regnery, 1999）一书作者，该书为新世纪发展提出了大胆建议。

1985 年，里根总统任命史蒂夫·福布斯担任两党合作的国际广播董事会（BIB）主席，在这个岗位上，福布斯先生负责自由欧洲广播电台（Radio Free Europe）和自由电台（Radio

Liberty）的节目审查监督工作。波兰前总统莱赫·瓦文萨（Lech Walesa）对两大电台在对抗独裁方面起到的推动作用表示了肯定和赞扬。乔治·H.W. 布什继续任命福布斯先生为国际广播董事会主席，在这一岗位上他尽职尽责，一直工作到 1993 年。

史蒂夫·福布斯于 1947 年 7 月 18 日出生于美国新泽西州的莫瑞斯镇（Morristown）。1966 年，他以优异的成绩毕业于马萨诸塞州北安多佛的布鲁克斯学院（Brooks School），并于 1970 年从普林斯顿大学毕业，主修历史。大学读书期间，他创办了《今日商业》杂志，并担任主编，这本由学生发行的杂志后来成了美国最畅销的学生杂志，发行量达 20 万本，该杂志目前仍由普林斯顿大学的本科学生出版发行。

目前，史蒂夫·福布斯还在以下组织担任董事："罗纳德·里根总统基金会"（The Ronald Reagan Presidential Foundation）、"美国资产公司"、"保卫民主基金会"（Foundation for the Defense of Democracies）、"美国斯隆凯特琳癌症中心（Memorial Sloan-Kettering Cancer Center）监管人董事会"。另外，他也是佩珀代因大学（Pepperdine University）公共政策学院监事会成员，并有 10 年在普林斯顿大学理事会工作的经历。

史蒂夫·福布斯拥有众多大学及院所颁发的荣誉学位，其中包括莱康明学院（Lycoming College）、杰克森威尔大学（Jacksonville University）、海德堡大学（Heidelberg College）、艾欧娜学院（Iona College）、金恩学院（Kean College）、纽约技术学院（New York Institute of Technology）、洛克海芬大学（Lock Haven University）、西敏寺学院（Westminster College）、旧金

山马拉奎大学（Francisco Marroquin University）（危地马拉）、圣心大学（Sacred Heart University）、圣塔利大学（Centenary University）、佩珀代因大学、林恩大学（Lynn University）、利哈伊大学（Lehigh University）、新罕布什尔学院（New Hampshire College）、锡耶纳学院（Siena College）、圣埃斯皮里图大学（Universidad Espiritu Santo）（厄瓜多尔）、林肯学院（Lincoln College）、新保加利亚大学（New Bulgarian University）、斯普林爱伯大学（Spring Arbor University）、西东大学（Seton University）、力登谷社区学院（Raritan Valley Community College）和卡尔德维尔学院（Caldwell College）。

第十四章

丹尼·魏格曼

魏格曼食品公司首席执行官

2009年被美国权威杂志《消费者报告》评为"最佳食品连锁店"

2005年被《财富》杂志评为"最佳雇主"

这个世界上到处都有能说会道的人,但丹尼·魏格曼(Danny Wegman)不在其中。

他是一个喜欢用行动证明自己的人。

丹尼管理着美国最优秀的食品连锁店,事实上,它在全球也算首屈一指。走在大街上没有几个人能认出他是谁,但在每个魏格曼食品超市你能切实感受到他的影响力。

"我记得一开始,"丹尼讲起了初来魏格曼的故事,"我被分在了生产部和鲜肉部,也正是从那个时候开始,我开始懂得与顾客交往的重要性。从那里,你能学到一流的服务,它是什么?首先,一定是团队合作。"

20世纪60年代,丹尼从父亲手中接过总裁帅印,激励他不断前行的是前总统约翰·F.肯尼迪曾经讲过的一段话,"我读高中时,约翰·肯尼迪是美国总统,那时,我总默默问自己'应该如何度过这一生',他的回答是,'不要问你的国家能为你做些什么,问问自己可以为这个国家做些什么。'在他看来,这就是年轻人应有的志向,正值风华正茂,我真心希望通过努力让人们的生活变得更便捷,更幸福。"

正是有了这样的理想和信念,我们才看到,尽管贵为公司总裁,魏格曼也总是谦逊待人,彬彬有礼。他可能不会告诉你,读高中时他是学校耀眼的篮球明星,或许他也不会告诉你,他以优异的成绩毕业于哈佛大学;在高尔夫球场,即使打出了连他自己都不敢相信的好球,魏格曼也仍会保持娴静、谦逊的态度,从他朴实的外表你丝毫不会看出他是一个已经有着九十年历史、资金上十亿的著名家族企业的掌门人。

丹尼·魏格曼相信事实胜于雄辩、胜于衣装,虽然有时他也会在着装上花些心思。一次,我和丹尼约好一起打高尔夫,等他时,几个球童告诉我他们也在等丹尼,说他们想知道丹尼今天又穿了什么衬衫,在这位来自纽约北部、谦虚谨慎的总裁身上,衬衫是唯一能象征身份的东西。

丹尼出生于罗切斯特市(Rochester),早在他出生前,他的家族就已经在食品业建立了牢固地位,享有相当高的声望。他的父亲罗伯特(Robert)是一位名副其实的开拓者,31岁那年他接过家族企业,出任董事长。罗伯特的父亲和他的叔叔携手将一个破败的企业打造成了世界知名食品连锁店。在罗切斯特,魏格曼食品有口皆碑，其地位坚如磐石。罗伯特一样功不可没，他改变了人们的超市购物体验，开创了一站式购物，并使这一消费理念深入人心。因此，在他的店里，我们能看到药店、音像制品店、相片冲印店、儿童游乐保育中心等。1994年，《华尔街日报》头条引用超市分析师尼尔·斯特恩（Neil Stern）的话说："我们认为，魏格曼是美国最顶尖的连锁店，它们可能也是全世界最顶尖的连锁店。"（注：我有幸在2006年罗伯特·魏格曼去世前采访过他，尽管年事已高，他却仍对新生事物充满好奇，采访中，他还就商界和世界热点问题给出了自己的认识和理解，但相比之下，对我传达的信息他似乎更感兴趣。）

事实上，早在罗伯特·魏格曼去世几年前，丹尼就已经开始参与公司日常管理。在他的协助下，公司业务扩展到了纽约以外的地方。当时很多人认定这是错误的草率之举，但丹尼坚定不移，深信它是公司发展的必然趋势，而且他的决策也的确为公司开拓了更大市场。

魏格曼食品美名远扬的部分原因在于，它能为人们提供前所未有的购物体验。没有小提琴演奏大师依沙克·帕尔曼（Itzhak Perlman），无论制作多么精美的小提琴，也不过一堆毫无生机的木片而已；没有魏格曼的加工，再好的农产品也不过普通原料而已。

很多食品店、杂货店都出售农产品，送到魏格曼的新鲜水果、蔬菜更是数不胜数。一些农产品由当地种植者供应，农户们在田里采摘完毕后，直接运往魏格曼。

很多杂货店都卖奶酪，不同之处在于，魏格曼的奶酪店供应多达 500 种不同口味的奶酪，而且厨师们每天都在自己的店里制作新鲜的马苏里拉奶酪（意大利干酪）。

"我们希望招聘到对食物真正感兴趣的员工，"丹尼说，"要加入我们的团队，就必须能欣赏不同品种的食物，对不同口味有超强的辨识能力。"

在一位一流法国厨师的帮助下，魏格曼建立了自己独具风格的糕点店，提供几百种即食食品和加热后即可食用的方便食品。魏格曼还打造了自己的肉类品牌，这种名为"放心食品"的肉不含激素和抗生物质。另外，他们的店里还有供客人们休息的咖啡厅。魏格曼在美国的五个州共开有 75 家店，在一些店里，你还能看到别致的小酒馆，定期举行的品酒活动一定会给你一次难忘的餐饮教育。

那正是你吃到的东西。

丹尼说，"我们希望通过自己的努力，让顾客们欣赏到每种食物的存在价值，就餐、购买食物也可以是一次受教育的过程。"

这里还有药店、餐具店、小货车。刚学会走路的小孩会一边推着小车，一边在父母后面开心地摇晃写有"顾客培训"的小旗。当然，你还可以在购物期间把孩子送到他们的保育中心（有些父母即使不购物也会把孩子送到这里）。收银台一个紧挨一个，但排队等候付款的顾客还是排成了长龙。许多消费者都是这里的忠实顾客，他们采购起来几近疯狂。

在这里，你能感受到一种异样的活力。只有走进魏格曼你才能深刻体会到它和其他食品店的区别，你很清楚自己到了哪里。很多人并非无意踏入，而是专程造访。

第十四章 丹尼·魏格曼

再看看他们的顾客服务。这里的员工各个博学多才,对食品兴趣浓厚,每个人都在尽力帮你在店里找到称心如意的东西。

所有这些特点都不是我们在报纸头条上看到的魏格曼的亮点。

真正广为人知的是魏格曼对待员工的态度——它是一个工作的好地方。

丹尼解释说:"只有员工是快乐的,他们才能为顾客提供一流的服务。"

2005年,《财富》杂志将魏格曼评为"最佳雇主",事实上,自1998年开始这一评选以来,魏格曼每次都能入选,而且魏格曼已经连续七年打入前十。"最佳雇主"的评选有两个条件:公司政策和文化以及员工意见。员工意见占总分的三分之二,所以很显然,魏格曼的员工是快乐的,这种快乐转化成了他们提供给顾客的优质服务,丹尼说:

> 当顾客表现得粗俗无礼时,你不能像在家里或大街上一样火冒三丈,大发雷霆,要学会变通,接受挑战,想想如何让他们的脸上浮现笑容。这些都是你能在魏格曼身上学到的东西。你或许认为这一点人人皆知,事实远非如此。
>
> 挑战就在于:作为一个人,你该如何提升自己的素质和修养?就我的观察来看,我们的员工能从自己的工作中培养兴趣,找到快乐。

第二部分　首席执行官

魏格曼公司也做出了回馈社会的承诺。1976年，丹尼出任公司董事长，当时他的父亲还是公司首席执行官。1987年，他们推出了"希尔赛奖学金计划"，这一项目已经成功帮助罗切斯特市很多辍学的孩子重新回到了校园，一千多名初高中学生成了这一项目的最大受益者。魏格曼为每个孩子提供兼职工作和能够给他们指导和特别帮助的导师。1991年，乔治·H.W.布什总统为"希尔赛奖学金计划"颁发了美国商业出版社大奖"光点奖"。

丹尼·魏格曼解释说："我们希望该项目可以帮助孩子们读完高中，也希望他们能来魏格曼工作。2007年，130名学生在这一项目的帮助下顺利毕业。两年后，110名学生走进大学校园。想想，如果没有这个计划，他们将难圆美丽的大学梦，他们原本是要辍学的孩子，所以这是非常惊人的改变。

"在这些孩子当中，很多人的父母都没有读过高中，他们靠微薄的社保收入生活，皮条客、妓女、毒品走私犯是他们的行为榜样。所以，他们需要的是一个能够激励他们、帮助他们、给他们希望的人。我们有一百多位这样的激励老师，我们称他们为'领路人'。他们的角色就是让孩子们看到希望，建立信心。"

丹尼说：

> 我的父亲从不认为金钱能让一个人快乐起来，只有做一些对你来说真正有意义的事，你的生活才会幸福、快乐。

丹尼认为员工的满意度和他们的管理政策直接相关，而且，他认为公司不上市对员工更有好处。(从 1916 年创立至今，**魏格曼**开办了 75 家连锁店，共有员工 38000 名，年销售额接近 50 亿美元。)

2008 年经济滑坡，丹尼是如何应对的呢？

口述实录

丹尼·魏格曼最有价值的错误

5 月份，汽油价格快速飙升，因为农产品也需要运输，食品价格随之一路上扬。一段时间里玉米短缺，造成粮食价格攀升，我们的员工过了一段苦日子。首先，他们每天都要开车上班，其次就是食品价格的上扬。

我们决定给员工购买的食品打九折，他们可以买打折的礼品卡，然后用它来购买食品。

⚠ 当时，我们并没有考虑成本，我告诉他们："一定要帮助员工渡过难关。"如果是上市公司，我们可能会说："嗯，等过了今年再考虑，现在最重要的是做好预算。"那个时候，我们的注意力全部集中在一件事上，那就是绝不让任何一个员工下岗。

我们想，如果不能在经济不景气的时候谨慎处理员工问题，销售势必急速下降，所以应该如何防止业绩下滑呢？

2008 年 11 月，股市走势大幅动荡，颓势有增无减，面临大萧条以来最严重的经济危机，我们下调了食品价格。

我从没见过那样的感人场面，因为其他食品公司并没有做出政策上的相应调整，那段日子里，无论走到哪个店，我都能看到顾客眼中闪烁着感激的泪花。

为此，我们损失了1200万美元。此后，2009年1月，我们又降低药品价格，损失高达1500万美元。

如果是上市公司，我很可能已经丢掉了工作。但作为一个私营公司，我们的主导思想有所不同，我们在想："对我们来说什么样的选择是正确的？"我们深信，只要做出正确选择，就一定能迎来"千金散尽还复来"的那一天。

（他们的确做到了，据丹尼介绍，2009年是公司有史以来销售额最高的一年，当然，利润也是史无前例的。）

⚠ 顾客们知道我们在做些什么，他们说："我们就去魏格曼。"后来，其他食品公司也相继降价，但因为先行一步，我们建立了非常可靠的顾客缘。

丹尼·魏格曼相关介绍

丹尼·魏格曼是魏格曼食品公司首席执行官，其公司总部设在纽约州的罗切斯特市。丹尼以优异的成绩毕业于哈佛大学，取得了经济学学位。除管理魏格曼食品公司外，他也是美国食品营销协会（FMI）的积极成员并出任该协会"食品安全特别小组"主席。丹尼还是罗切斯特大学理事会理事，同时，他也是"公益

第十四章　丹尼·魏格曼

金"和"希尔赛奖学金计划"的主要组织者,该计划于 1987 年由魏格曼食品公司推出,旨在降低罗切斯特市失学儿童人数。

魏格曼食品公司位于美国东北部,它是全美最顶尖的食品连锁超市。目前,魏格曼在纽约、新泽西、宾夕法尼亚、马里兰、弗吉尼亚州共有食品超市 75 家,2008 年,公司年销售额高达 48 亿美元。因为食品种类齐全,质量上乘,再加上一流的服务,魏格曼现已是享誉全球的著名食品公司。连续 12 年来,公司已被《财富》杂志评为"美国 100 大最佳雇主",魏格曼最为人称道的是其高质量的新鲜食品和方便食品,当然,他们琳琅满目的民族食品和特色美味也是赢得顾客的主要法宝。

第十五章

加里·戈德堡

美国播出历史最长的金融脱口秀节目《金融与理财》的主持人
加里·戈德堡金融服务公司的创办者和首席执行官
《高动力投资》一书作者

  加里·戈德堡（Gary Goldberg）回忆起了自己刚刚开始股票经纪人的那段日子。"我们的培训总监说，'请列出所有可能和你做生意的人。'我记得在那张发黄的纸上我一共写下了 28 个名字。在这 28 个人当中，后来只有一个人和我做了生意，那个人就是我的父亲——他不是大款，他根本没钱！"
  加里总能把一个故事讲得声情并茂，栩栩如生，也正是这种能力使他每天主持的广播节目《金融与理财》（Money Matters）成了备受欢迎、播出历史最久的金融类咨询节目。

每次打电话给父亲，他都跟我说："好的，我买一百股。"当时股市很不景气，所有股票都在下跌，一次打电话给他时，父亲说："加里，我买这些股票你能从中赚多少？"我告诉他，约一百美元。于是，父亲一字一顿地说："那我寄给你一百美元，你不要再打电话过来，好吗？"

加里出生于一个并不富裕的家庭，但他决心靠自己的刻苦努力改变命运。从最贫穷的布朗克斯（Bronx）到东南部城市萨费恩（Suffern），再到纽约市，加里成功了。他在纽约开办了自己的理财公司，主要服务对象为人数众多的中产阶级。在他看来，这些人有钱投资，但他们手中的钱又没有多到可以引起高盛（Goldman Sachs）或摩根大通（JPMorgan Chase）私人财富经理人的注意。

加里言谈举止中自然流露的熟练和专业经验总能打动很多新客户，他超前的投资理念、深入透彻的分析和周密详细的规划能够在瞬间打消客户的疑虑。对他的工作无须多做评价，客户们知道他在做什么。

交谈过程时，加里常会讲起在布朗克斯度过的苦日子，而关于自己如何成功管理公司，积累了大量财富他则很少提起。

"我记得一次妈妈带我去买鞋，我们常去那种一下子摆出上千双鞋子的百货商场，所有的鞋都用一根约六英寸的细绳系在一起，妈妈会让我把脚放进去，说，'好了，走走看。'我只好小心翼翼地迈着很小的步子往前挪几步又往后挪几步，她会说，'好了，

第十五章 加里·戈德堡

就这双。'从那时起,我就在想,有一天我一定要去鞋子没有被系在一起的商场,试穿那些鞋子的时候也就是我成功的时候。"

20世纪70年代初,加里用5000美元开办了自己的公司,他所在的办公楼没有电梯,位于纽约新城的办公室里仅有一张轻便小桌和一部电话。每天他就在这样一个简陋的办公场所打电话,询问人们是否愿意和他见面,调整他们的投资组合。

现在,他总会穿上高档皮鞋、考究的衬衫、开上豪华的宾利轿车去和客户见面。曾经付出的一切终于有了回报——上万个销售电话,上万次投资推荐。(顺便提一下,我把加里视为非常要好的朋友,一段时间里,他还是我的上司。)尽管已到光荣退休的年龄,加里并没有心满意足地回到自己位于斯科茨代尔(Scottsdale)心爱的别墅。每一天仍能看到他忙碌的身影,和客户的见面还在继续,那些动人的故事也还在继续。

比如,他会讲起生活在佛罗里达当时已经80多岁高龄的老母亲。

"一天,母亲听到楼下有人大声嚷嚷,她走到阳台前,发现一些消防员正对着楼上一位准备跳楼的女孩大声喊话,女孩就住在母亲家楼上,于是,她抬起头说,'小姑娘,你这是干什么,为什么要跳楼?'女孩伤心地说,'男朋友和我分手了,我不想活了。'母亲很惊讶,'就为一个男人?'女孩点头说,'是'。

"母亲笑了,'就为一个男人?姑娘,不能跳,不值。我儿子几周后回来看我,我把他介绍给你,他很优秀哦。'"

娓娓道来的人生故事吸引了越来越多的人,但他的商业头脑、机智精明和丰富的工作经验才是公司——加里·戈德堡金融服务公司——成功的关键。成功的道路并非一帆风顺，有挫折，有弯路，有教训。

口述实录

加里·戈德堡最有价值的错误

20世纪60年代末，我终于梦想成真，成了华尔街一名机构经纪人。刚一拿到许可证，我就迫不及待地开始电话联系业务。

我设法和著名基金经理人理查德·内伊（Richard Ney）见面。当时，年轻的理查德已经在麦迪逊大街有了自己的办公室。那是我的第一个研究设想，我瞄准AMF，这是一家经营台球和保龄球的公司。一番周折后，理查德·内伊决定和我见面，并约好了见面时间。证明自己的时候到了，我自认为做足了功课，信心十足地来到他的办公室。

我清楚地记得，办公室内壁上镶了别致的木条，桌上还有一套精美的西洋双陆棋。理查德·内伊虽然年轻，但在当时的华尔街已是大名鼎鼎。我将事先准备好的话非常流利地讲了一遍，自认为表现不错。

听完后他说："问你一个问题。"我记得第一个问题涉及公司财会。

⚠ 我不知该如何作答，慌乱中不停地东拉西扯，说实话，

第十五章 加里·戈德堡

连我自己都不知道自己在说些什么。

所以，我没有诚实地告诉他："我不清楚，等我查证后再给你答案。"相反，我努力回答他的问题，我永远不会忘记他当时的表情。

他说："你并不知道自己在说些什么，好了，走吧！"

上帝啊，我期盼已久的见面就这样结束了，但这次见面给我的教训也同样刻骨铭心。从此，我再也没有做过同样的蠢事，我懂得承认自己的不足并没有我想象的那么糟糕。我完全可以告诉他："我答不上来，不过我可以回去和调研部认真咨询沟通，"或者说："等我确定后给你消息。"

搪塞、捏造、想蒙混过关绝不是解决问题的正确思路。我相信自己以后永远不会再犯同样的错误。

后来，我再也没有和他交谈过，他也不会再接我的电话，因为在他那里我失去了诚信。

加里·戈德堡相关介绍

加里·戈德堡是"加里·戈德堡金融服务公司"的创办者和首席执行官，身为领导者，他是公司投资策略和投资政策的主要制定者。戈德堡先生是公司执行委员会和战略投资委员会主要成员。成立金融服务公司前，戈德堡先生是华尔街著名的机构交易者。1972年，他创办了以自己名字命名的金融服务公司，该公司是哈德逊河谷地区最早提供全面服务的投资管理公司。

除担任公司首席执行官外,戈德堡先生还主持着美国播出时间最长的广播脱口秀节目——"金融与理财"。作为节目主持人,戈德堡先生有幸采访当前世界上最有影响力的政界和商界领导人,这也是他获取当前市场和社会经济形势第一手资料的最佳渠道。

戈德堡先生在巴德大学(Bard College)取得学士学位,后来也在布鲁克林法学院接受过教育。

第十六章

杰瑞·莱文

美国在线—时代华纳公司首席执行官
美国家庭影院频道（HBO）负责人
开创了付费电视的商业新模式

1972年，棒球投手主力队员丹尼·米莱（Denny McLain）在大联盟的华盛顿参议员队（Washington Senators）丢掉了22场球，有人会问'这样的投手为什么还能屡次上场？'因为两年前，也就是1970年，他帮助底特律老虎队（Detroit Tigers）赢了24场球。1969年，老虎队获得美国职业棒球大赛冠军，丹尼帮球队赢了31场球（此后，再也没有出现能在一个赛季赢30场球的球员）。

换句话说，你必须取得有目共睹的优异成绩才有机会犯傻，做蠢事。

杰瑞·莱文（Jerry Levin）正是这样的人。

普通人并不清楚杰瑞·莱文是何方人士,特别是当你在加利福尼亚的圣塔莫妮卡(Santa Monica)看到他消瘦的身影或晒得黝黑的脸庞时,你一定以为他就是你家楼下的一位邻居。在圣塔莫妮卡,杰瑞和妻子经营着一家高端心理健康诊所和温泉浴场。但在华尔街,他的名字却是无人不知,在他的身上背负着千金重担——美国在线—时代华纳公司,史上最大最失败的合并。提到莱文,商界媒体会说他是"20世纪最糟一单交易的促成者。"

如果名不见经传、业绩平平的人,他又怎可能有机会促成新旧媒体的历史性结合呢?

正如31场棒球赛的胜利者一样,莱文在商界有着辉煌的创业史。

1992年,《洛杉矶时报》(*Los Angeles Times*)这样描述莱文:

> 20世纪70年代中期,在莱文的努力和协助下,诞生了有线电视业务。作为家庭影院频道的负责人,他成功说服时代公司投资650万研发卫星服务,这种高瞻远瞩最终使家庭影院成功进入美国全国有线电视系统。

这也就是说,莱文为我们带来了有线电视和卫星电视产业,这是不可磨灭的功绩,因为要做到这一点,就必须将一种电视业务模式转为观众为电视内容付费的新模式。

他回忆说:"在HBO,一开始,我的方向把握是正确的,尽管没有很快取得成功,但这一理念渐渐渗入人们头脑当中,我们要提供给观众一些由他们自己付费的节目和频道,而不是靠广告来支撑我们的节目,早期的尝试难免失败。"但他坚持不懈,继续试验,终于开创了历史上最成功的媒体商业模式。

回顾莱文早期的成功足迹,我们基本能够看到当时美国在线和时代华纳合并在他看来可行的一些原因。

• 一直以来,电视节目都是免费呈现给观众的,网络内容也大多免费。

• 人们有着非常强烈的希望根据各自兴趣选择电视节目的愿望,网络的情况也基本如此。

• 电视观众为有线电视和卫星电视节目付费,美国在线(AOL)是著名的因特网服务提供商,拥有广大坚实的付费用户群。

• 早期付费电视的尝试以失败告终,同样,早期网络付费的尝试也大多以失败告终。

所以,在他看来,美国在线和时代华纳的合并并非不可行。

回到现实,我们看到,两大公司的闪婚带来的是可怕的金融灾难。2000年1月10日,全球最大的媒体集团时代华纳老总杰瑞·莱文和互联网之王美国在线的首席执行官史蒂文·凯斯在美国纽约曼哈顿创造了历史:将加起来总价值高达3500亿美元的两家公司合二为一。这次合并时机的选择也糟糕透顶,2000年5月,网络泡沫破灭,美国在线的互联网拨号接入业务收益锐减,这就意味着原本可行的商业模式受到致命损害。

合并仅两年后,公司亏损987亿美元,股价暴跌,市值蒸发近1000亿美元。媒体巨人泰德·特纳(Ted Turner)在两大公司合并十年后的一天告诉媒体,他是美国在线—时代华纳的最大股东，仅他一人的损失就高达80亿美元。他说："美国在线和时代华纳的合并应该像越南战争、伊拉克、阿富汗战争一样载入史册，它是我们国家损失最惨重的灾难之一。"

公司自身亏损接近千亿美元，许许多多的员工因此失业。欲将新旧媒体完美结合的努力以惨败而告终，莱文于2001年宣布辞职，2009年两家公司分道扬镳。

这就是被冠之以"21世纪最糟交易"的美国在线和时代华纳的合并事件，莱文说：

> 网络留给我们的仍是那个古老的商业教训，那就是，创新总发生在最让人出乎意料的时间和地点，而且它也常给现有商业模式和运作带来巨大破坏。

但莱文并不希望此次事件影响到商界其他领导人对刚刚起步的新行业和新企业的支持热情。

> 你一定不希望它给我们发出不去冒险的信号。创新、改革必须坚持下去，如果你认为自己已经做到了完美，那就会停滞不前，从此紧闭创新的大门。资本主义制度的特点就在于不断探索、创新和变革，用新的理念、新的技能推动现有产业的发展。创新总和我们不期而遇，而这正是它的最大魅力。

所以，作为资本主义社会的一分子，我们应该从美国在线和时代华纳的合并中吸取怎样的教训呢？

文化问题

"将两种企业文化合二为一时，你一定不能低估人们的心理作用，"莱文反思道，"合并并非小事，它会给两个企业的员工同时带来心理上的焦虑和创伤。作为首席执行官，我竟没有预料和察觉到这一点。当时我们只是忙于战略层面的工作，而没有从人的角度做工作。"

> 事实上，美国在线和时代华纳的合并让我们处在了变革的最前沿，很多人对此闻所未闻，它让人们的内心充满了恐惧。而这一点正是我们完全没有预料到的。

泡沫

"你如何知道自己身处经济泡沫之中呢？"莱文问，"多年后再回头看，当时的情况一目了然，但当你身在其中时，很多东西似乎都会迷住你的双眼，新兴互联网相关企业股价迅速上涨，世界变化日新月异。"来自华尔街和整个行业的巨大压力让首席执行官很难做出理智判断：

> 增长率让你勇往直前，你不知道它们会将企业带向何方，尤其在企业快速发展壮大的过程中，你几乎不会想到增长率会将企业引上歧途。

有人可能会说,像莱文这样经验丰富的首席执行官本应能预料到两种企业文化的巨大冲突,但置身于当时壮观美妙的网络泡沫之中,被遮住双眼的并非只有莱文一人。

早在 AOL 和时代华纳合并的八个月前,CNBC(美国全国广播公司财经频道)就在证券交易所分发了印有"道琼斯 10000 点"的帽子。1999 年,吉姆·格拉斯曼(Jim Glassman)和凯文·哈赛特(Kevin Hasssett)发表专著《道指 36000 点》,预测道指将在几年内攀升至 36000 点。(金融危机期间,道琼斯指数暴涨到了 14000 点,此后又跌至 7000 点。)

我清楚地记得,当时我还主持着 CNBC 的《今日商界》(Today's Business)节目,接受采访的每个人都津津有味地讲述着网络的巨大潜力,以及自己奇妙的网络经历。人们与日俱增的网络热情助长了当时的疯狂行动,很多人的投资开始失去理智。我在工作之余问起一位著名的投资经理人:"在你的投资组合中为什么也有很多网络公司的股票?"他摇摇头说:"没办法,我也是不得已而为之,网络公司的股票一日千里地飞涨,不加入这种股,相比其他人,我一定会因业绩落后而被踢出公司。"

虽然也有警示的声音——在 CNBC,我的同事罗恩·伊萨纳(Ron Insana)提醒人们,当时的股市很像 20 世纪 80 年代的日本股市,必须提防泡沫破裂;尽管如此,很多人仍义无反顾。他们相信网络和网络公司就是美国的未来,他们是在为这个国家的未来进行股市投资。

无疑,美国在线和时代华纳合并消息的公布更加推动了已趋失控的股票投资。CNN(美国有线电视新闻网)在网上发布了并购消息，文章引用美国投资银行贝尔斯登（Bear Stearns）的媒体分析师斯科特·阿伦斯（Scott Ehrens）的话说"他们（美国在线和时代华纳）合并了，创造了史无前例的媒体巨人，如果他们继续瞄准内容，他们的结合将无往而不胜。现在，他们拥有了将内容和技术完美结合的最佳平台。"

今天，一些对当初的并购提出最严厉批评的人在当时也都陶醉于美国在线和时代华纳的豪华婚礼中。2000年1月11日，《纽约时报》（New York Times）有文章说：

> 20年前开创了美国有线新闻频道、现任时代华纳董事会副主席的泰德·特纳（Ted Turner）昨天解释说，他支持两家公司的合并。时年61岁的创意斗士坦言，他是时代华纳最大的个人股东。
>
> "当时我投票要求买一亿股，投下这一票带给我的新鲜和刺激不亚于我42年前首次欢爱时的心动感觉，"泰纳说，"我之所以投这一票，是因为我们有一个可以创造巨大利润的强大公司，想要再造一个美国在线谈何容易。至今，还没有人能做到这一点。"

为此，莱文公开致歉："我为没有预料到今天的恶果向大家表示深深的歉意。"致歉在新老CEO中都不常见，莱文经营着自己的温泉浴场，帮助顾客们在那里摆脱他们情感和心理上的创伤，而致歉对莱文自己来说也是疗伤的一部分。它是吸取商业教训非常重要的一步，他的举动无疑告诉后来者如何在这方面做得更好。

"承认犯了错并不意味着你要将它看做100%的损失,因为如果我们惧怕犯错,就很难产生新想法,获取新理念。事实上,创新正是源于一系列的错误——有止步,有思考,有改变,然后继续前行。"莱文继续说道,

或许我们不应把它们称作错误,因为它们是宝贵的、有价值的,是我们尝试、进步的必经之路。尝试、失误,继续前行。

他说:"鲍伯,教训就是,如果你认为自己的投资会受影响,因为担心犯错而不去冒险,你就永远没有大的发展。因为冒险是新的商业模式产生或进步的唯一途径;如果你担心丢掉职位,担心有人说三道四或担心留下骂名,那就一定不会再冒任何风险了。"

事实是,大家仍在探索:该如何让消费者为你的内容付费?很可能我们要在订阅方式上做些改变,我相信订阅群非常重要,但如何将两者有效结合仍是一大难题。

最有价值的错误

具有讽刺意味的是,多年来,莱文不断在华尔街发表讲话,告诉人们曾经犯过的错误如何让自己一步步走上了辉煌的商业

成功之路。毕竟,他曾是时代华纳首席执行官。"这些所谓的错误的确改变了我对这个快速发展的世界的认识,探索、尝试、创新是永恒不变的主题,最最重要的是我们总比他人先行一步。"

他敢于尝试,勇于创新,导致美国在线和时代华纳合并败局的创新思维同样给他带来了美誉和成就。莱文将那些经历看做他商业生涯中最有价值的错误之一。

口述实录

杰瑞·莱文最有价值的错误

提问:是怎样的远见让您推出了家庭影院频道(HBO)?

推出家庭影院频道的初衷是这样的:我们希望观众有更多选择,而不是只收看各频道已经做好的节目。在当时,这是全新的理念,我们并没有在一开始就受到人们的欢迎,因为很多人还不习惯为电视节目付费。但当它进入家庭,开始播出极有个性的电视节目时,人们就很难再离开它了。

⚠ 通过HBO,我希望给观众完全自主的选择,充分的便利,一切均在他们的掌控之中,这就是我们的特点。

这和卫星电视如出一辙。我们提出卫星电视的新概念,当时所有人都认为有线电视不可能拿下这种技术。但利用地球同步卫星将数字编码压缩的电视信号传输到用户端的尝试

第二部分 首席执行官

成功了。

提问：你是怎样一步步摸索出观众们喜欢的付费电视模式的？

20世纪70年代，我们通过卡式电视节目开始尝试，这种想法意味着你可以播放、中止以及重放节目。

我们有一个每月定期举办活动的俱乐部，在那里我们开始了影片的新尝试。

> ⚠ 这一尝试出现在家庭录像机问世以前，但因为设备非常笨重而中止。但很显然，如果能为家庭提供录像系统，人们一定不会拒绝。

这就是我们当时的设想，比奈飞公司（Netflix）提前诞生整整二十五年，但因为不够成熟，尝试被迫停止。

我还看到，我们要为订户递送报纸、杂志，那为什么不省掉这一环节，让他们直接在家阅读呢？我们联合新闻集团，1982—1983年花费2500万美元通过卫星向有线系统发送了大量图文电视材料。

> ⚠ 问题在于，当时还没有电脑，所以无法做到互动，它是一种单向系统。因此在当时是失败的，但至少我们知道，需要给消费者提供更多互动信息。

第十六章 杰瑞·莱文

我想，最成功的是下面这个例子。20世纪90年代初，我们在奥兰多（Orlando）的有线系统中推出了全方位服务网络，它的确是视频点播的先驱，只是当时价格较高。我们购买了媒体历史上的第一个服务器——磁带已经没有了用武之地。

当我们通过卫星在佛罗里达直播了阿里和弗雷泽在马尼拉的世纪之战时，拳击爱好者们沸腾了，它是我职业生涯中最大的亮点之一。我当时也在观看比赛，那种激动无以言表。

另一件事情发生在20世纪90年代早期。当时我们在一个有线系统实现了数字交互服务，世界各地很多新闻大量涌入，我开始播出电影，中止它，然后又继续，来来回回，这一切都是在没有录像带的情况下实现的，我们兴奋极了。

这大概是1992或1993年，但因为设备仍处在早期发展阶段，成本过高，我们最终停止了该项服务。

事实上，在视频点播方面，所有我们使用过的，如硅谷图形软件，事实上都变成了交互式数字视频点播的一部分。这一尝试虽没有成功，但至少我们了解了消费者的需求。我们看到了那样的观众，在奥兰多看到了那些家庭，他们喜欢这样的模式。

因特网的尝试也经历了同样的过程，我们在时代华纳开通了名为"探路者"的业务，因为仍处在早期探索阶段，我们不知道应该为消费者提供多少内容，这也正是我一直努力的原因。

> 我将因特网看做能够实现信息、娱乐 DIY 的最佳方式。我想，它必将为商界各个公司的规划带来巨变，因此，这趟快车不容错过。

然后就有了美国在线和时代华纳的合并。

我一直在试图证明的是，所有这些事件在战略上都是相互联系的，就像从数字化视频光盘到高清电视，这一切都从家庭影院频道起步，给消费者带来更多选择、更多便捷。今天的媒体仍在朝着这个方向发展，这一方向让我们想到了网络的巨大潜力（20 世纪 90 年代早期我们有了"探路者"服务），最终，也就有了时代华纳和美国在线的合并。

杰瑞·莱文相关介绍

2002 年 5 月前，杰瑞·莱文担任时代华纳公司董事长兼首席执行官，时代华纳是当时世界上最大的媒体娱乐公司，其业务横跨出版、新闻、有线电视、电影娱乐、音乐和交互式服务。

莱文开拓进取，是数字和交互式媒体发展的积极探索者，他是 1990 年时代公司（Time Inc.）和华纳通讯公司（Warner Communications）合并的发起人，也是 1996 年特纳广播公司（Turner Broadcasting System）和有线新闻网（CNN）加入时代华纳的发起者。2001 年，莱文提出美国在线和时代华纳的合并动议。1992 年 12 月，他成了时代华纳历史上第一位唯一的首席执行官。1993 年 1 月 21 日，莱文被推选为公司董事会主席。

第十六章 杰瑞·莱文

1992年2月,莱文出任公司董事长和联合首席执行官,10个月后,成为时代华纳首席执行官。时代公司和华纳通讯公司合并后,莱文出任时代华纳首席运营官兼董事会副主席。在时代公司,莱文曾担任董事会副主席。

1972年,在公司收费有线电视(家庭影院频道)还在早期发展阶段时,莱文加入时代公司。他是负责节目制作的副总裁,后又升为总裁兼首席执行官,最后荣升董事会主席。1975年,莱文做出具有历史意义的重大决定,通过卫星传送家庭影院频道的节目,开创了现代有线电视业。

之前,莱文是美国盛信律师事务所(Simpson Thacher & Bartlett)纽约公司的一名律师。进入律师行业前,莱文在一家国际投资管理公司——发展与资源公司(Development and Resources Corporation)做总经理和首席运营官。公司被国际基本经济公司(International Basic Economy Corporation)收购后,莱文在伊朗的德黑兰做过一年公司代表。

莱文以优异的成绩毕业于哈弗福德学院(Haverford College),并在宾夕法尼亚大学法学院取得法律学位。在那里,他是《法律评论》(*Law Review*)杂志的一名编辑。佛蒙特大学(Vermont Universty)、德克萨斯学院、明德学院(Middlebury College)、丹佛大学、哈弗福德学院还曾为莱文颁发荣誉学位。莱文也曾出任哈弗福德学院董事会主席,校管理委员会主席,并曾任罕布什尔学院名誉董事。

莱文还做过纽约证券交易所和纽约联邦储备银行主管。他也曾是纽约爱乐乐团董事会成员兼会计。此外,他也曾在以下机构的董事会供职——阿斯彭研究所（Aspen Institute）、全国有线电视中心、犹太遗址博物馆。莱文还曾是外交关系理事会（Council on Foreign Relations）、三级委员会（Trilateral Commission）、纽约经济俱乐部（Economic Club of New York）、香港首席执行官国际顾问理事会（Council of International Advisers to the Chief Executive of HongKong）理事。

第十七章

R. J. 柯克

荣登福布斯"全美 400 富豪榜"

新河制药公司的共同创建者——公司以 26 亿美元的高价售出

第三证券公司高级常务董事兼首席执行官

我找到了柯克先生,这位亿万富翁跟我讲起了他对平行宇宙的思考。

是,没错,这就是非常成功的大商人 R. J. 柯克(R.J.Kirk)开始对话的习惯。他聪慧过人,在弗吉尼亚大学获得法律学位,成功创办公司,因经营有方获利颇丰,最后以 26 亿美元的高价售出亲手打造的制药公司,这一切都是才智疏浅的普通人望尘莫及的。是,仅凭运气成不了白手起家的亿万富翁,你必须在自己艰苦奋斗的道路上做出正确选择。当他谈起成功的秘诀时,你不免大惑不解,他会说,成功没有任何秘诀,或者,至少按他的话说——R.J. 一向讲究精确——不清楚成功的决定因素究竟是什么。

他说:"我不知该如何解释'成功'一词,它就像摆在人们面前的事实,我永远无法解释为什么一些事情最终成功了。"他认为大多富翁、成功人士高估了他们的才华,"他们常从自己的成功经历中得出一些错误的暗示——其中一种暗示就是他们比其他人聪明,但事实却并非如此。"

对于像我这样一位正在完成一部讲述从错误中吸取教训的作家来说,他的观点似乎正合我意。即使如此,我仍疑惑不解,我的意思是,难道所有讲述成功秘诀的讲座和专著都是多余吗?这样的讲座、图书随处可见,它们难道毫无价值吗?

"成功不会给你任何反馈,所以,我们很难从成功中有所获,有所得,"他说,"你不清楚哪一个因素对你的成功起着决定作用,你无法证明它们,因为你不可能有再次尝试的机会,不可能改变其中某些因素,做出另一种尝试。"

"所以,"我说,尽可能将话题引到我的思路上,"这就像《星际迷航》(Star Trek),他们可以在九个不同的宇宙中做出自己的选择?"

"我想物理学家一定是这样认为的,"他说,"如果在每次做决定的时候都出现另一个宇宙,而你只可能踏上其中一个时,你就不可能去测试另外的宇宙是否同样可行。"

"但如果犯了错,"他说,"你可以总结教训,从失败中有所收获。"

失败并没有常常造访 R.J. 柯克,这位积极进取的企业家投资有方,不懈奋斗,和几位伙伴共同创建了注射剂和疫苗公司(General Injectable & Vaccines),公司位于弗吉尼亚西南部,主

第十七章 R.J.柯克

要为医护人员提供医疗用品。1998年，柯克先生和其他几位创建者以6700多万美元的高价将公司售出。

此后，他和几位志同道合者又建立了第三证券公司（Third Security），这家坐落于弗吉尼亚州拉德福德市（Radford）的公司是一家主要面向生命科学的投资管理公司。起初，他们买进一家刚起步的小公司，后来，公司发展壮大，成了很多人熟知的新河制药公司（New River Pharmaceuticals）。几年后，公司以高价售出，据报道，在这笔交易中，R.J.净赚15亿美元。

所以，如果他认为成功不能给我们任何启示，为何他能一次次接连成功，成为大家向往的亿万富翁？"我们经常做些自我分析，通过这种方法找出当前模式的组成因素，再通过纪律和规范尽量保持这一模式，但我说不清哪些因素对成功有着决定作用。"他说。

"我不确定舍弃哪些因素我们能得到相同或更好的结果。"

在我的宇宙里，我可能会说：一个东西没有破损的时候，就不要去修理它。

口述实录

R.J.柯克最有价值的错误

我的工作就是组织团队为公司谋取更大利益，这是我们共同关心的主题。

我就像米高梅（MGM）老总刘易斯·B.迈耶（Louis

第二部分 首席执行官

B.Mayer）或电影制片人大卫·O. 塞尔兹尼克（David O. Selznick）一样，我是培养高管的优秀人才。我不懂表演，不懂灯光、服饰，也不懂导演，但我知道哪些人擅长哪些工作，我也懂得如何将他们组织起来，达到我最希望的工作效果。

在我遭遇职业生涯中最糟糕的一次错误前，事实上，我的工作已经出现很多小问题。此前，我一直在和一些制药公司做生意，一开始我是一名专业分销商，这让我后来成了负责这一业务发展的主管。在这个岗位上，我的职责是和世界上最大的制药公司、生物治疗公司协商洽谈，取得销售他们产品的权利。

提问：这是哪家公司？

是注射剂和疫苗公司。

这样的事情我经历了很多：我会和一家大公司的业务员洽谈，我们的谈话很愉快，看来生意很快要做成了，而且这笔交易对双方都非常有利。但就在这个时候，业务员含沙射影地告诉我，他想要求职；有时，他甚至会直接投简历给我。每次发生这样的事情，我总有些为难，因为在两家公司的业务洽谈还在继续的过程中，提出求职很不合适。所以，在我们的交易没有最后敲定前，我总是设法拖延他们的求职请求。

但事实上，生意做成后，在没有任何预先安排的情况下，我常对和我洽谈过业务的工作人员抱有好感。既然他们想另谋出路，有时我也会把机会留给他们。现在，交易完成，我认为这样做也未尝不可。

第十七章 R.J.柯克

　　如果你和某人达成过生意，通常那个人都会给你留下良好印象。我观察的结果是，很多时候那种良好印象只是建立在虚荣的基础上。换句话说，你想做那单生意，你就会喜欢那个人，感觉他的确不错。从我的经历来看，这样的人未必优秀。

　　我是怎样得到这一教训的呢？

　　几年前，我招聘了四个人，其中三个人都是通过我上面描述的方式进入公司的，另外一位是我所在公司的一位大股东推荐的，换句话说，他是公司大股东的亲戚（这也是招聘员工的错误理由！）。

　　就这样，这四个人加入了我的团队，不久后，他们集体背叛了我。

　　这就是教训。在刚刚得知这一消息的两三秒钟里，我简直气疯了。但我立刻意识到这应该是当初能够预料到的结果。所以我说，当初的良好印象主要建立在虚荣的基础上。

　　他们或许有意引起你的注意，但一定有破绽能够给你充分提示。他们喜欢你这一事实不应成为接纳新员工的正确理由。

　　坦率地讲，我从未真正信任过他们，最后我发现，当初就不应该表现得好像他们赢得了我的信任一样。

提问：工作过程中，他们是否有时会偏离方向？

　　我的确发现有些时候他们是在为我们的交易对手说话，所以，我对他们的工作检查得更仔细了，原本我是不需要这样的。

最后，有一天他们竟集体辞职，要去开自己的公司，为了这一目的，他们已经在公司忙碌策划了好几个月。后来我得知，进公司（GIV）不久后，他们就已经打起了自己的小算盘。

提问：他们的公司现在发展情况如何？

已经倒闭了。

提问：你是否因此而感到开心？

事实上，不止开心而已。他们起诉了我，在公司，所有主管会根据业务状况得到绩效分红，他们四位也可以得到分红。当时，我们有一单生意还没有结束，于是他们不分青红皂白地将我起诉到了法院。

我的确很开心，因为他们的诉讼没有法律依据，最后我以每股 50 美分的价格购得他们手中的股份，后来就有了新河制药公司。几年后我们卖给他人，拆股调整后的价格为一股 128 美元。他们起诉我就是为了得到每股 50 美分。

我知道他们的公司倒闭了，但不清楚现在他们在做些什么。

提问：在通过正常程序聘用到的员工中出现过这种情况吗？

从来没有。我发现，我们团队中的核心员工是真正意义上的投资伙伴，他们团结一心、集中精力，一心一意为公司发展贡献力量。他们是可信、忠实的员工，而我对他们也从未起过疑心。

第十七章 R.J.柯克

事实上,我忠于其他人的原因在于,我信任他们。

在这件事情上,我知道自己犯了错,或者说,我对后来的结果负有不可推卸的责任,因为从一开始我们的关系中就夹杂了不信任的因素。

提问:你对此早有直觉吗?

是,有直觉。在和他们四个人的关系中总有一种说不清的不信任感,但这在经商、做生意的过程中也很常见。

因此,要想别人对你忠诚,你首先要待人忠诚。人们不会因为一个公司聘用他们,并付给他们工资就一定会忠于它、热爱它。

我对他们不够信任。

所以,我也不该有过高期望,我从未真正信任过他们。不信任的原因就在于,在我们洽谈生意的过程中,他们提出希望来我的公司工作。

R.J.柯克相关介绍

1999年3月,R.J.柯克创办第三证券公司,并担任公司首席执行官。1984年,他与几位同伴一道建立注射剂和疫苗公司,1998年公司出售前,柯克出任公司董事会主席。1993年,柯克先生还参与成立了君王制药公司(King Pharmaceuticals),三年后,新公司——新河制药公司(New River Pharmaceuticals)——诞生,柯克出任公司董事会主席,并从2001年10起出任公司总裁兼首席执行官（在2007年被希尔制药集团购得前，公司股票在纳斯达克上市）。

2002年，柯克还是临床数据公司（Clinical Data Inc.）董事会成员，两年后荣升该公司董事会主席。2007年5月，柯克被任命为哈兹医疗公司（Halozyme Therapeutics Inc.）董事会成员（纳斯达克：HALO）；2008年2月和9月，他又分别出任尹森公司（Intrexon Corporation）和森特莱公司（Cyntellect, Inc.）董事会主席。八年前，柯克还曾出任索斯公司董事会主席（Scios, Inc.）（在被强生公司收购前，该公司在纳斯达克上市）。

2009年，弗吉尼亚州州长蒂姆·M.凯恩（Timothy M. Kaine）任命柯克先生为弗吉尼亚大学监事会成员；获此殊荣前，他是拉德福特大学（Radford University）监事会主席，同时也是该大学基金董事会（Foundation Board）成员。2006年7月，受州长之邀，柯克进入弗吉尼亚收入估算咨询委员会（Virginia Advisory Council on Revenue Estimates），参与讨论本州收入预算草案。一年后，他又被任命为弗吉尼亚大学研究合作董事会成员。

柯克在拉德福特大学获得工商管理学士学位，后又在弗吉尼亚大学获得法学博士学位，毕业后不久，柯克先生注册了自己的律师事务所。

第三证券公司的故事可以追溯到20世纪80年代早期，那个时候，R.J.柯克还是弗吉尼亚西南部的一名年轻律师。从最初的投资开始，包括1984年注射剂和疫苗公司（GIV）的成立，柯克很快总结管理经验，第三证券公司正是在前期成功管理模式的基础上快速发展起来的。

第十七章　R.J. 柯克

1998年，GIV以6700多万美金的高价被当时一位主要竞争对手购得。此后不久，柯克先生又在1999年与几位同事一起成立第三证券公司，管理他们的个人投资和其他关联实体，在这些投资中，其中一家发展成了后来的新河制药公司。2004年公司上市，2007年初，公司以26亿美元的价格出售给了一家英国公司。今天，第三证券拥有员工50多名。

第三部分

新一代

有人年纪轻轻却已在商界独树一帜、成绩斐然，他们是新一代商界领袖。能够发现这样的人确实是不小的挑战；幸运的是，他们一个个温和谦逊，乐意和读者分享他们精彩的人生故事。

时间见证了他们的才华和魄力。在未来的发展道路上，他们将更牢固地建立自己在商界的信誉和地位。新一代商界领袖正从他们出类拔萃的前辈手中接过领导大旗，勇敢自信地引领商界以更稳健的步伐大步向前。

必须承认，这部分命名为"新一代"是出于我一直以来对让·卢克·皮卡德（Jean-Luc Picard）的敬意，他是电影《星际迷航：新一代》（*Star Trek: The Next Generation*）中"进取号"星舰的舰长。在他的身上，你能看到很多领袖人物共有的气质：品格高尚、临危不乱，既勇敢果断又有仁爱之心。如果你认为他只是一个虚构的人物，那你就错了。

事实上，相比本书其他部分所选人物，这部分主人公年纪更轻。或许，现在他们还没有被广泛关注或家喻户晓，但他们的杰出才华和不俗成就已经有目共睹了。

准备好了吗？让我们一"读"为快。

第十八章

迈瑞迪斯·惠特尼

银行分析师，准确预测了房贷问题和金融回落
2009 年，入选《时代》杂志"全球 100 位最具影响力人物"
入选《华尔街日报》"最值得瞩目的 50 位女性"

　　迈瑞迪斯·惠特尼（Meredith Whitney）平易近人。谈话时，她总是直视对方，简洁明了地陈述观点，讲话方式她却并不在意。也许你还在等待她提高声调，强调什么，然而，在她看来，重要的是内容而不是形式。

　　她总能一语中的。2007 年 10 月 31 日，还在奥本海默公司（Oppenheimer）做银行分析师时，她预言花旗银行（Citigroup）将筹集资金，出售资产或减少分红。不久，该公司股价暴跌，金融危机随之而来。许多金融机构难守家业，这给华尔街和缅因街（Main Street）带来巨大的破坏，而她是唯一一位有勇气将预测结果公布于众的分析师。

她买进的股票大幅上涨。

《纽约邮报》(New York Post)称她为"纽约最值得瞩目的50位女性"之一。2007年,在福布斯网站资本市场"最佳分析师:选股人(The Best Analysts: Stock Pickers)"的评选中,她夺得第二。对美国银行异常悲观的态度使她登上了2008年8月18日《财富》杂志的封面;同年10月,她还当选财富500强"全球50位最具影响力商界女性"。也还是在2008年,她又被CNBC(美国全国广播公司财经频道)评为"年度股市最大玩家"。

是不是很了不起呢?先不看成就,我来告诉你们她与众不同的真正原因。

我曾与迈瑞迪思·惠特尼有过几次愉快的合作,那时,我是一家有线电视台的主播,别问我具体是哪家电视台,但可以透露给你的是,它的名字是"docs"的谐音。

那个时候,伊拉克战争正在进行,作为新闻主播,我经常会采访一些中东问题专家。一段时间里,迈瑞迪斯也参与了我们的节目,主要讨论商界新动向。她非常优秀:平易近人、见多识广,是非常理想的采访对象。

一天,节目开始前,我们正在后台谈论时事问题,她问我有没有关于中东问题的书向她推荐。

要知道,她可是相当了不起的人,曾就读于布朗大学,供职于奥本海默公司,担任过美联银行(Wachovia)金融研究部主任,也常做客各大电视台的访谈或金融类节目。每次节目录制刚一结束,她就又火速赶回奥本海默,继续她对银行业和经纪公司的分析工作。她对银行业的了解程度和对一个公司资产负债表和该企业业绩状况的准确评估是我无论怎样用功学习也很难赶上的。

她为什么想了解中东问题呢？

因为她有强烈的好奇心，想更透彻地了解事件真面目。为了得到真相，她可能会当着很多人的面大喊："我不明白"。

有人天生就是分析家，她就是这样的人。不仅如此，她还是一个非常值得信赖的人。

坦率地讲，华尔街难道不是因为丧失诚信才走向衰落的吗？

有人说，迈瑞迪思·惠特尼有影响市场的强大能力。她的分析和预测已在业界被传为佳话，她本着实事求是的态度，通过她的分析和预测为人们尽早敲响警钟。她是你可以信任的人，这就是她敢于直视你的原因。

迈瑞迪斯说："工作中，你要充满自信和勇气，做真实的自己，这样才能充分发挥潜力，胜任工作。"这就是她总结的工作经验，尽管做到它很难。

口述实录

迈瑞迪思·惠特尼最有价值的错误

28岁那年，我到第一联合银行（First Union），即后来的美联银行工作，负责建立金融机构研究中心，开展研究工作。在华尔街所有从事这项工作的人当中，我年龄最小。年纪轻轻就承担这样高难度的工作很有挑战性。在我的朋友圈里，还没有任何人从事过如此"高端"的工作。对我来说，眼前的任务困难重重，但当时，我坚信自己的选择没有错。

1998年秋天到2002年，我按计划组建了金融机构研究中心。我对金融股的预测是正确的——2001年3月互联网泡沫破裂后渐渐出现牛市迹象。我尤其看好金融股，在我看来，因为现金流收益不足，很多股票都在走低，因此，有着强劲现金流的金融股应该尽力保住其优势。我相信，有那么多信用卡账户和其他有强劲现金流公司的支撑，金融股一定会有不俗表现，情况果真如此。

2002年初，我预测股市将渐渐下行，事实证明这一判断没有错。

我为自己的出色表现感到自豪，但却并没有从公司管理层那里得到我想要的反馈。2001年，总经理又一次对我的成绩视而不见。这让我很伤心——我不介意这么说——因为我是工作效率极高的分析师，在整个部门，如果算不上最优秀的，至少也应该是优秀的分析师之一。

这时，我准备放弃。递交辞呈时，公司提出，在我两年合同的基础上续签一年，而且薪酬更高。这让我有些进退两难，那个时候互联网泡沫刚刚破裂不久，市场行情不容乐观，很多人都建议我走稳妥路线，后来，我听从了他们的建议。

不幸的是，我发现自己已经不再喜欢那个地方——他们没有给我充分的信任，这和薪酬无关。我一直希望做一名开开心心的员工！我需要的只是被认可。

第十八章 迈瑞迪斯·惠特尼

⚠ **我又工作了一年，领到了薪水，却再一次没有得到晋升。我难过极了，三年来，没有人把我的成绩看在眼里，在一个得不到认可的地方工作让我失望透了。所以，我决定辞职。**

辞职可以让我以限制型股票的形式拿到薪水，但我和公司签订的合同中也包括可免除贷款的内容，这也就是说，我必须给公司钱才可以离开。另外，我也问自己：如果离开华尔街，还能找到其他工作吗？根据合同，员工辞职时必须和公司签订三年的非竞争协议。由此看来，当时决定辞职是错误的，但直觉告诉我，在那样的地方工作毫无意义。

这是我犯过的最有价值的错误！

辞职后的两年半里，我没有再做任何和原来工作有关的事，可以说几乎脱离了工作环境，这样的日子难熬极了——紧紧张张工作的时候，我是非常高效的员工，但有大把的光阴可以打发的时候，我反而没有了热情。没有工作的日子我感觉度日如年。而且那是2003年，当时市场开始反弹，而我却丢了工作。

那段时间里，我大量阅读图书，也经常出外旅行——我开始重新审视自己，并渐渐理清思路。最重要的是，我邂逅了那个生命中最重要的人，现在我们已经是相濡以沫的亲密夫妻。尽管没有工作的日子每天都是灰蒙蒙的，但如果没有当初的选择，没有放慢脚步，我是否还有机会遇到自己心爱的人呢？

辞掉工作，离开商界也使再次归来的我更加独立；和丈夫在一起的日子也让我变得更独立,因为我们的工作兴趣和生活方式截然不同。有了幸福的家庭,华尔街已不再是我生活的中心。

再次求职时,很多人都以为我当时一定是被解雇的。这样的猜测毫无道理,因为离开公司的第二天,我发现《华尔街日报》已将我评为"顶级选股人"。在众多同行中我是唯一获此殊荣者。所以,当时我是在事业的最巅峰时刻离开了公司!

重回商界就必须从头开始。三年过去了,很多东西都需要再做功课,我发誓一定要找回自己的位子。凭借十多年在华尔街的工作经验,我相信自己一定能在最短的时间里迎头赶上。

2006年1月,经纪公司成了我关注的重点,这是一种反向投资策略。高盛公司(Goldman Sachs)当时的股价是140美元,而我预计它将攀升到190美元。人们都以为我疯了,但那年,高盛的股价一直涨到了200美元以上。

此前,我是无名小辈,没有人看好我,但对高盛股价的准确预测让我一时间成了大家关注的焦点。我的经验远比很多竞争对手丰富,但因为离开了很长时间,我已经淡出很多人的视线。所以,一切完美至极,你总希望人们低估你的能力,对吗?

⚠ **我必须付出十二分的努力,在新岗位上勇于打破常规,勇于创新。直觉告诉我,这样做没有错。研究中,我紧随直觉,并通过数据证明自己的判断。我不期望事情总是一**

第十八章 迈瑞迪斯·惠特尼

成不变。

一次次成功告诉我,我的直觉完全正确,自信心也随之大增。

后来,我离开加拿大帝国商业银行(CIBC),因为那里的企业文化不是我想看到的。直觉告诉我,我应该成立一家公司,打造自己的企业文化。在我的职业生涯中,我只在两家公司工作过,不,实际上是三家。其中一家我将永远陪伴左右,它就是迈瑞迪斯·惠特尼顾问有限责任公司(Meredith Whitney Advisory Group, LLC)。

迈瑞迪思·惠特尼相关介绍

惠特尼女士是迈瑞迪思·惠特尼顾问有限公司首席执行官,这是一家宏观战略投资研究公司。除专注于其核心研究外,惠特尼女士和她的团队还为大、中、小型银行、经纪人、独立商业公司和消费金融公司提供服务。

在成立自己的公司前,惠特尼女士曾是奥本海默公司总经理和资深金融机构分析师。在奥本海默期间,她成功研究、预测了房价下跌和美国房贷产业的发展前景,并深入分析了消费信贷市场和信用卡产业未来发展趋势。

2007年,她发表多篇文章,指出评级机构对监管资本的决定因素存在的加权影响,以及单一险种保险人对金融机构存在的潜在风险。2006年,她向美国联邦存款保险公司(Federal Deposit

Insurance Corporation）提交报告，分析指出美国消费者的消费新动态以及次贷市场面临的风险。

此前，惠特尼女士还曾是美联证券（Wachovia Securities）、帝银世界市场（CIBC World Markets）和奥本海默公司金融分析师。

2009年，惠特尼成功当选《时代》杂志"全球100位最具影响力人物"，并被《华尔街日报》评为"顶尖投资分析师"。同年，她第二次被《财富》杂志评为"50位最具影响力女性"，也被《科莱恩商业周刊》（Crain）评为"40位40岁以下的能人"之一。2008年，惠特尼女士又入选《华尔街日报》"50位最值得瞩目的女性"，也被《智慧投资》（Smart Money）杂志评为"30位风云人物"之一；另外，《机构投资人》（Institutional Investor）杂志还为其颁发了"2008全美优秀研究团队奖"。惠特尼女士以优异的成绩毕业于布朗大学，目前，她也是劳伦斯威尔中学（Lawrenceville School）理事会成员。

第十九章

詹森·吉拉尔

美国葫芦网有限责任公司总裁

哈佛商学院毕业生

在亚马逊公司有近 10 年的管理经验

我看到了电视业的未来,即葫芦(Hulu)模式。

可能并不完全是葫芦模式,但也应该与这种模式非常接近。无可否认的是,登陆葫芦网,你将亲眼目睹电视和网络的完美结合。

在这个网站上,你可以尽情享受数万部电视剧,流行的、经典的,一应俱全。有时,观众们还可以免费收看。过去,你是不是经常错过乔恩·斯图尔特(Jon Stewart)主持的《乔恩·斯图尔特每日秀》?还有《丑女贝蒂》或《绝望的主妇》?想不想知道视野乐团(The View)几天前说了些什么?

放弃数字录像技术(TiVo),赶快登录葫芦网(Hulu.com)吧!

第三部分 新一代

你还可以付费观看大量以前播出的节目。当然，这里也有你在其他地方难觅踪影的电视内容。记住，这些都是专业人士智慧的结晶——它可不是YouTube视频网站。

在葫芦网，你会感觉电视和电脑已经没有了界限。作为一名娱乐消费者，你是否想过，只需几个按钮，那些赏心悦目的电视节目就会奇迹般地呈现在你眼前。

总裁詹森·吉拉尔（Jason Kilar）在介绍自己的公司时说："葫芦网提供高端的在线视频服务，在它的帮助下，人们可以选择在自己喜欢的时间、地点，以自己喜欢的方式查找、观看全世界优质视频内容。"

这听起来像不像一位在北卡罗来纳大学获得学位，后又毕业于哈佛商学院的人讲出的话？

应该像。詹森·吉拉尔受过良好教育，这足以保证他在娱乐业走得更稳，更远。他曾在沃特·迪士尼（Walt Disney）公司工作过两年，后又在亚马逊公司（Amazon.com）有超过九年的工作经历，因此有着非常丰富的商业经验。这也是NBC（美国全国广播公司）、Fox（福克斯广播公司）、ABC（美国广播公司）能给他充分信任，让他去经营葫芦网的真正原因。很多媒体公司都有过这样的烦恼：投资数百万的电视节目如果没有人愿意付费怎么办，究竟什么样的经营模式才能创造利润？葫芦网的运行无疑给出了最佳答案。

"在这个世界上，到处都有富有想象力的创作者。我们联合起来，共同努力，提供别具风格的电视节目，并为这些内容找到更多观众。"吉拉尔说。在葫芦网，他负责的其中一项工作就是将

第十九章　詹森·吉拉尔

过去几十年里传统媒体制作播出的电视节目再次呈现给今天的观众。吉拉尔也喜欢展望未来：

> 我想，我们正在迈入传媒的黄金时代。通过努力，我们确保人们在他们方便的时间、方便的地点，以他们喜欢的方式欣赏世界各地的优质节目。这是我们的宗旨，也是我们的承诺。

在亚马逊只负责过DVD业务的吉拉尔对提供在线媒体内容又懂多少呢？

对此，吉拉尔说："从表面上看，它们的确是两个完全不同的产业。一个是由广告支撑的产业，另一个是以零售、现金为中心的产业。但不同产业之间往往存在许多相似之处，只是大多数人在一开始不会认识到这点而已。任何企业的成功很大程度上都离不开企业文化的作用。"他说：

> 你会发现，全球知名企业在文化上拥有许多共同特征。对葫芦网来说，我们的企业文化最突出的特点就是始终将顾客放在第一位。

"这并不奇怪，"他说，"其他知名企业同样具备这一点。亚马逊、沃尔玛、星巴克，还有那些你随口能叫得上名字的一流企业都有着'顾客第一'的企业文化。当然，我们也梦想成为全球顶尖企业，但现在才刚刚起步，离目标还有很长一段距离。但无论如何，我们的目标不会变，那就是争做世界顶尖企业。"

我们和亚马逊的区别在于，我们提供的是数字产品，而亚马逊主要提供实物产品，但我不会将全部注意力放在这种差异上。

吉拉尔说，从本质上看，两者存在许多相似之处。"我们都为顾客提供大量可选择的东西，都希望顾客能够发现它们，搜索它们，获得愉快的购物体验。在其他更重要的方面，如企业文化、价值观念、原则以及在线应对方式上，我们同样有许多相似之处。"

吉拉尔讲的没错，公司应更关注企业的文化和指导理念，而不是将所有注意力放在要出售的产品上。他是从哪里学到这些推动葫芦网快速发展的重要文化和理念的呢？在亚马逊工作期间，当时的公司总裁杰夫·贝佐斯先生（Jeff Bezos）教给他如何在公司稳步发展和陷入危机时更好地发挥领导才能。吉拉尔说：

相比稳步发展阶段，失败和艰难时期你学到的东西更多。

在亚马逊看到学到的一切对吉拉尔有着特殊意义。直到今天，那些过去的经历仍是他前进道路上的一盏盏明灯。

第十九章　詹森·吉拉尔

口述实录

詹森·吉拉尔最有价值的错误

它就发生于我在亚马逊工作的那段时间。当时,我还在做 DVD 业务。1998 年 11 月,和往常一样,业务进展十分顺利。我和我的团队正在分析我们的 DVD 价格最低可以降到多少。

亚马逊的宗旨是为顾客提供可供选择的海量产品,同时也要在价格上做到最大优惠,确保顾客得到物超所值的心仪产品。

我的团队要做的就是负责分析,看看在现有价格基础上是否还有下调空间。

为此,我们决定开展一项科学测试。当时,团队每个人都为我们在分析工作上的细致严谨而感到骄傲;通过这项非常科学的测试,我们希望得到能够帮助我们做出正确决策的数据。

为期三周的 DVD 音像店在线测试开始了,这个时候,我们的产品已经降价有一段日子了。

> ⚠ 在这 21 天里,我们将为一半的顾客提供更低价格。这一过程是随机的,我们想知道,三个星期后降价究竟能在多大程度上促进消费需求。

如果 DVD 购买人数大大增加,就证明降价是可行的。价格降低，购买人数增加，就会卖出更多 DVD。这不过是一道很简单的数学运算题而已。

我想，结果大家都能猜得到。我们和这项测试一起成了人们讨论的焦点，一段时间里，有人甚至在网上这样写道，"嘿，这可真有趣，我买这个 DVD 时是这个价格，现在我的朋友却以超低价格买到了同样的 DVD。"

我们的测试搞得满城风雨，在西雅图更是到了人尽皆知的程度。大家对我们的做法有许多不同猜测，有人说我们只关心曾经大量购买过我们产品的顾客，也有人说我们只在意新顾客，还有人说，我们的做法基于某种他们并不知晓的经济信息……

很多人认为这一测试就是一场阴谋，他们都问："亚马逊到底想做什么？"

我们不希望事情以这样的方式继续发展下去，显然，需要立刻成立作战小组。

⚠ 这都是我的错，我设计了这样的测试，提出以这种方式进行。我们的意图很好，但事后看来，结果的确很难让人接受。

有意思的是，作战小组由三四个人组成，其中有我、公共关系部主任、宣传部主任和公司总裁杰夫·贝佐斯。

我们所在的会议室位于公司总部六楼，楼下空地上停满了新闻直播车，透过窗户可以看到车上的卫星天线高高竖起；

第十九章　詹森·吉拉尔

车里的每个人都在密切追踪着亚马逊总部的最新情况,等待我们做出解释。

其中两件事他们最感兴趣：首先,杰夫是怎样处理我的；其次,事件最新进展如何。你可以想象到我迈进公司总部时的心情,要告诉他们最近发生了什么,做出解释,还要拿出应对方案。

在这种处境下,我对自己的职业前景并不看好。当时,我已经在公司待了大约两年,对公司未来发展信心十足。但我自己手头有很多公共关系和其他方面的工作需要处理。

⚠ **走进会议室,杰夫·贝佐斯沉着、冷静的表情给我留下了非常深刻的印象。透过会议室明亮的大窗户,能够看到大大小小的新闻采访车拭目以待,但杰夫·贝佐斯竟如此冷静！很显然,他非常关注此事,可他又是那么的冷静。和我谈话的时候,他异常平静,甚至很放松。**

对在线测试一事他态度严肃,但我们之间的谈话却很轻松。从个人的角度来说,他支持我们的科学测试。

因此,我们论事不论人,杰夫做到了,他非常坦诚。有趣的是,我们很快找到了问题的根源。我们的市场分析固然重要,但诚信更加宝贵。在亚马逊,有一条原则尤其重要,那就是注重科学分析。在这个公司,以科学的态度对待业务是深入每个人内心的铁的原则。这也是我想要看到的一个公司应该具备的重要特征。在葫芦网开展的每项业务中,我们也都始终

179

第三部分 新一代

牢记这一原则。

我们的意图是好的,但事后看来那是不小的错误,因为亚马逊对诚信的珍视比我们的意图重要得多。

因此,我们很快停止测试。

⚠ **在这个过程中我也认识到,危机才是看清一个公司和一个人的最好时候。测试事件让我看到亚马逊是怎样的公司,杰夫·贝佐斯是怎样的人。他向我们再次证明了诚信对一个公司意味着什么。**

这对亚马逊公司和我们每一个人都至关重要。那天,杰夫·贝佐斯不仅是在主持会议,更是在教我、指导我、支持我。

所以,对我而言,杰夫·贝佐斯让我懂得伟大的领导者应该如何做事,他的一言一行改变了我。

要知道,他还要在凌晨三点起床,通过节目《今日新闻》为我们的错误向国人致歉,告诉他们我们从中吸取的教训,以及未来可能做出的调整。另外,他还要接受新闻主播的拷问,这一点他很清楚。但很快,杰夫做出决定,首先道歉,解释事情的经过;他会说我们本意是好的,但显然我们犯了错,所以我们决定在未来做出这样的计划。

⚠ **回想起来,虽然经历了痛苦——如果当时没有犯那样的错误就好了——但我懂得了如何做人,如何做一个好领导;而且我也对公司运作,以及一流的公司有了更深刻**

的认识。很多时候,只有在困境中才能认清一个公司的真面目。

提问:但就测试本身而言,你是否学到了什么呢?

测试进行得很快,所以它并没有影响到整体销售。我们的确降低了价格,从长远来看,销售额大幅上涨。我想这和降价不无关系,当然,降价只是原因之一。后来,我们降低了价格,而且亚马逊始终坚持这一做法。从商业角度而言,测试对公司也是有贡献的,我们开始更加关注价格对销售的影响。

大概在2000年,我们开展了一项名为"超值送货"的活动。根据活动内容,购物超过25美元的顾客都可以享受我们的免费送货服务,这就是一种降价策略。从短期看,公司将失去一大笔收入,运费通常是4美元、5美元、6美元,无论通过邮寄、联邦快递还是UPS(联合包裹服务公司),公司成本都会有不小的增加。但长远来讲,低价策略让亚马逊更具吸引力。最终,公司利润得到保证,所以在降价一事上,你必须勇敢,也需要更加关注长远利益。因此,可以说DVD店的降价策略是明智之举。

詹森·吉拉尔相关介绍

詹森·吉拉尔现任葫芦网首席执行官。葫芦网是一家在线视频合资企业,合伙人为美国新闻集团(News Corporation)、美国国家广播环球公司(NBC Universal)、沃特·迪士尼公司和普罗

第三部分 新一代

维登斯私人股权投资公司（Providence Equity Partners）。加入葫芦网前，詹森在亚马逊有近10年的工作经历，在那里他身兼多个重要领导角色。在亚马逊，他制定了公司最初的DVD和音像产品经营计划，后来，詹森荣升亚马逊北美媒体业务副总裁和总经理，负责图书、音乐、音像产品和DVD的经营销售。此后，他又晋升高级副总裁，负责全球应用软件业务，在那里，他带领着一支由数百名世界一流技术专家构成的研发队伍，并直接向首席执行官杰夫·贝佐斯汇报工作进展。詹森的职业生涯开始于沃特·迪士尼公司，当时他在迪士尼设计开发部工作。詹森在哈佛商学院获得工商管理硕士学位，本科以优异的成绩毕业于北卡罗来纳大学教堂山分校，在那里他主修工商管理、新闻与大众传媒。

第二十章

伊恩·布雷默

成立了政治风险研究咨询公司——欧亚集团
推出首个全球政治风险指数
《自由市场的终结》一书作者

伊恩·布雷默（Ian Bremmer）现年40岁，但看上去比实际年龄年轻许多。他似乎总比身边人年轻，例如，获得奖学金到杜兰大学读书时（他当时只有15岁），在斯坦福大学获得博士学位时（那年他24岁），他看起来都比其他人年轻。

但伊恩给人印象最深的并非他的年轻，而是他的智慧。他总能鞭辟入里、一针见血地评论当下很多热点问题。无论在NPR（美国国家公共电台）、CNBC（美国全国广播公司财经频道），还是某个古色古香的华盛顿餐厅，他都能通过对某一世界问题的犀利评论吸引你的眼球。

他会谈起复杂的金融问题，对这些问题的分析和认识常得益于他广泛的旅行以及和全球高层政界、商界领导人面对面的深入探讨。原本高深晦涩的话题在他的口中变得那么简单易懂,你会感觉他是在谈论谁将获得下一届美国网球公开赛冠军。

仔细听,你才突然意识到,他是在讲述发生在乌兹别克斯坦的政治变动,或是在讨论沙特阿拉伯人民普遍存在的不安情绪。你会认为自己很聪明,因为他提及的要点你都能很快消化吸收。不过,不要被表象蒙蔽。他不仅能根据个人经历推断天下大事,而且他渊博的知识和阅读过的海量图书也会让你自叹不如。

伊恩本可以在斯坦福大学当老师,过上轻松自在的日子。但为了创建自己的私人政治咨询公司——欧亚集团(Eurasia Group),他放弃了在大学执教的机会。对此,他这样解释道:

> 我还太年轻。坐在宽敞明亮的办公室里静静思考,对60岁的人还有对那些有着丰富人生经历的人来说,可能是不错的选择。但当你只有24岁,满腔热血,踌躇满志地想干一番大事业时,你就很难坐得住,你一定会想办法释放这种能量。

目前,欧亚集团的研究分析师遍布世界各地,他们对全球约80个国家的投资进行政治和金融风险评估。伊恩·布雷默为华尔街和美国政府以及各大跨国公司提供研究结果。(他在纽约和华盛顿都有自己的房子,并在这两个地方和伦敦都设有办公机构。)比起待在舒适的学术环境中,他觉得现在所做的一切更有意义,更具世界影响力。

第二十章　伊恩·布雷默

"我并不想对 90% 的教师提出批评,但事实是,如果 24 岁就开始教书,我会感觉自己是个大骗子。如果我想传授技能、专长,真心希望影响在座的每位意气风发的年轻人,我就应该告诉他们世界的本来面目是怎样的,这个世界如何运转。可这一切连我自己都知之甚少,又怎么可能教给学生呢?但在学校,你可以假装自己无所不知。"

口述实录

伊恩·布雷默最有价值的错误

如果一所名校提供给你全额奖学金,让你有机会攻读该校博士学位,人们会奉劝你做一名学者,留校任教,将毕生精力奉献给教育事业,这才算成功。

⚠ 我觉得这是错误的,不过,当时自己并没有认识到这一点。我一生犯过的最大错误就是听信了他们的建议。所以,顺利拿到博士学位后,我选择了做学者。

随后,我便开始一边研究,一边教书。整个人就像被监禁起来了,不停地从一个书堆挪到另一个书堆,一边研究,一边将书本里的知识传授给学生。

教室里在座的每个人都聪明无比,他们和我年龄相当,有人甚至大我几岁。面对这样一班学生,如果我没有经验、没有

第三部分 新一代

成就,也没有见过什么世面,仅靠书本知识怎能教好他们?

或许,我的课堂是轻松幽默的,但我没有多少可以传授给学生的东西。课堂上的每一天都让我深刻感觉到应用知识的重要性。

⚠ 他们的父母每年花3万美元,送他们来斯坦福听某些大师的课。但说实话,这里的很多大师从未在现实世界中有过任何实战经验。

一次讲座、一门课程结束后,你再看看世界上到底发生了什么。这些事件和人们的生活紧密相关,我的意思是,它们是发生在现实世界中的事。你在讨论政治环境,可悲的是,你却发现自己是完全脱离政治环境的。

比如,你要给学生们讲达尔富尔(Darfur)的种族屠杀问题,但你却不知道该如何描述,因为你从未到过那里,从未亲身经历或亲眼目睹过这一事件。再比如,你要给学生们讲峰会的高层谈判,而你却从未参加过任何峰会,不知道峰会究竟是怎样的情形。

无论是核扩散会谈、种族冲突,还是欧盟的入盟谈判,你实际上都没有真正参加过。

而且你根本不用对这些事件作出分析,也不用为自己的对错负责。

⚠ 博士们学会的只是如何躲避问题,因为你始终要确保自

第二十章 伊恩·布雷默

己是正确的。做到这一点的唯一办法就是保证绝不犯错。

所以,有人问你现在世界上都发生了什么时,你一定会躲避。你不想对此作出回答,因为你不希望承担自己的研究有错误、有漏洞的责任。

⚠ 如果身在商场,你就没有躲避的机会。演讲时,你可以巧妙地避开,但要做出决定时就必须直面问题。在现实世界中,该做决定时就必须果断决定,无人可以逃避。

在我看来,大学教师根本就不需要作出决定。但当你要教学生如何作出决定时,你自己必须曾经做过决定。我认为这很关键。

提问:所以,你创建了全球性政治风险研究咨询公司——欧亚集团,那你是否感觉自己正在让这个世界变得不同呢?

是。当今世界变化极快,一个人的力量不可能带来质的变化。所以,老师们要负起责任,他们影响着每个学生的成长和进步,久而久之,整整一代人的思想就会有所变化,这些成长起来的年轻人通过他们集体的力量最终带来不可小视的变化。

⚠ 不过,要想理解国际政治,我的建议是,最好求教于那些实践者,这样才能有所收获。私营机构中的决策者为数不多,很高兴,我现在就是他们中的一员。

第三部分 新一代

伊恩·布雷默相关介绍

伊恩·布雷默现任全球领先政治风险研究咨询公司——欧亚集团总裁。

1998年，伊恩·布雷默投入25000美元成立欧亚集团。目前，欧亚集团在纽约、华盛顿、伦敦均有办公地，它掌握着丰富的资源，并从世界各地聘用专家。公司主要为金融客户、企业以及政府提供信息，分析政治发展对市场的影响程度。

布雷默还推出了华尔街首个全球政治风险指数，并有若干著作出版，其中包括《J曲线：理解国家兴衰的新视角》(The J Curve: A New Way to Understand Why Nations Rise and Fall [Simon & Schuster, 2006])，该书被《经济学人》杂志评为2006年最优秀书籍之一；另一著作名为《大尾巴》(The Fat Tail: The Power of Political Knowledge for Strategic Investing)，2009年由牛津大学出版社出版。他的新作《自由市场的终结：国家与企业之争，谁是赢家？》(The End of the Free Market: Who Wins the War between States and Corporations?)详细论述了国家资本主义在全球呈现的新现象以及由此带来的地缘政治影响。此外，布雷默还是一位媒体作家和评论家。我们可以在美国的外交政策网站上看到他名为"呼叫"的博客，他也是《华尔街日报》的长期撰稿人。他的文章还曾登上《华盛顿邮报》、《纽约时报》、《新闻周刊》、《哈佛商业评论》、《外交》等刊物。此外，伊恩·布雷默还是CNN国际新闻网"连接世界"节目(Connect the World)专家组成员。CNBC、福克斯新闻频道、美国国家公共广播电台和其他广播电视台也常邀请他参与现场时事分析与评论。

  布雷默先生于 1994 年在斯坦福大学获得政治学博士学位。目前为止,他是胡佛研究所最年轻的一位研究员。今天,除在哥伦比亚大学任教外,他也是东西方研究所(EastWest Institute)和世界政策研究所(World Policy Institute)教员。2007 年,达沃斯世界经济论坛授予其"全球青年领袖"的殊荣。布雷默为全球宏观政治趋势和新兴市场的分析做出了突出贡献,他曾说:"在新兴市场国家,社会政治对市场结果的影响不亚于经济对它的影响。"

第二十一章

吉姆·巴克马斯特

克雷格公司首席执行官
克雷格网站首页设计师
辍学于美国密西根大学医学院

吉姆·巴克马斯特（Jim Buckmaster）向克雷格网站（Craigslist）的一则广告发送信息，希望找到一份程序员的工作。结果，他不仅找到了工作，而且在11个月后开始负责管理克雷格网站。在因特网时代，你可以就这样从一个小小的邮件开始，渐渐登上企业管理者的位子。当然，说克雷格是一个"公司"有些言过其实。但据估计，该网站每月仅在美国就有约5000万的独立访问量，在全球则有约200亿的页面访问量，这一数字使它在网站访问量上位居美国前10，全世界前22位（2009年4月7日 wiki per Compete.com 统计数据）。克雷格网站仅有工作人员二十多名，他们坚持以客户为中心，尽可能满足客户需求，华尔街或硅谷的期望不是他们关心的重点。对此，巴克马斯特说：

> 多年来，很多人认为我们的做法匪夷所思，但这并不意味着我们就一定要盲目模仿、迎合他人，学习他们经营互联网企业的模式。

怪异、非正统等显然不是描述该网站的合适词汇。简单地说，克雷格是一个发布各类广告信息的网站。但不止这些，它还是一个很有态度的网络社区，并一贯以"相对非商业化的性质，公共服务和非企业的文化理念"而为人熟知。

访问克雷格网站，你会感觉又回到了网站发展初期。如果网站发展过程可以被视为新老两派，克雷格就是不折不扣的老派。在这个网站上，既没有横幅广告，也没有炫目的图片，只有简单明了的设计，让你感觉好像又回到了 20 世纪中期。一个电话调制解调器，一阵蜂鸣和嘟嘟声后，你就已经在线了。

这并非巧合，巴克马斯特善于让自己手头的工作变得简单直观。分类广告要简单明了，这是克雷格不变的追求。它比世界上任何其他中介发布的信息量都大，据估计，它每个月发布的新信息高达 4000 万条。此外，克雷格每个月还发布超过 100 万条的招聘广告，这使它成了分类信息广告领域毋庸置疑的领跑者。如果你仅凭它简单的设计而推断它只是小打小闹，那你就错了。美国全国各地的报纸都可以告诉你，如果没有克雷格这样的网站，报纸收益就不会像现在这么糟。

现在，可能很多人对克雷格的故事已经有所耳闻。1995 年，

第二十一章　吉姆·巴克马斯特

克雷格·纽马克（Craig Newmark）创立了克雷格网站，他希望朋友们能借此了解发生在旧金山的一些大事。早期分类信息——"Craigslist"——以电子邮件的形式向软件和互联网开发商发送大家感兴趣的社会事件。此后，信息数量和订阅人数迅速上升。用户发现，新出现的"Craigslist"适合同时和许多人交流沟通，而且它费用低廉。

信息种类开始不断增加，包括求职信息，后来又有了房屋租赁买卖信息、商品出售、家政服务、论坛、异性交友等信息。（克雷格网站也曾因其"色情服务"信息招致批评。2009年，该栏由"成人服务"所取代，这类广告向用户收取一定费用，并受到工作人员的密切监督，以杜绝淫秽广告。）

付费招聘广告是克雷格的唯一收入来源，在它选择的旧金山、纽约、洛杉矶、圣地亚哥、波士顿、芝加哥、华盛顿和波特兰这样的大城市，招聘广告能为网站带来不小的收益。这一收费的优点还在于，它能帮助提升广告质量，有效减少快速致富广告的数量。

目前，克雷格的多城市架构已经覆盖全球500多个城市。自从来到公司——位于纽马克先生在旧金山的公寓里——的那一天起，巴克马斯特就以覆盖更多城市为工作目标。2000年1月，作为主程序员，他设计了网站主页，并通过搜索引擎、论坛、广告自动发布、标记系统等完善了网络社区。同年11月，巴克马斯特荣升克雷格网站首席执行官。

尽管克雷格品牌已经取得巨大成功，但巴克马斯特和纽马克仍拒绝向所有广告信息收取费用，至今，大多信息仍向用户免费提供，他们认为，不能简单用金钱来衡量一个公司或一个品牌。上市可以使网站获得更快发展的资金，也能为网站的股东们带来丰厚回报，但持有公司股份最多的两个人——巴克马斯特和纽马克拒绝将网站价值简单与银行钞票画上等号。（易趣网拥有公司约25%的股份，这些股份是他们从克雷格员工手中购得的。）

巴克马斯特在克雷格网站上的个人简历中提到了他遭遇的批评："巴克马斯特可能是有史以来唯一一位反建制、非正统的首席执行官，他是一个共产主义者，一个有社会主义倾向的无政府主义者……"这句批评出自全球最大的广告公司之一——WPP集团首席执行官马丁·索雷尔（Martin Sorrell）之口。

克雷格网站上还有索雷尔2006年说过的这样一段话（金融时报网站，2006年6月20日）：

"你们如何对付那些有社会主义倾向的无政府主义者？"索雷尔指的正是克雷格网站和它的管理者巴克马斯特，这一深受好评的免费分类广告网站已经严重威胁到美国各大报纸的收入。

看到一些媒体以免费提供传统和数字内容的形式予以回应时，索雷尔补充说："网络是我见到过的最可怕的社会主义力量。"

"他们看到——如果我不吃掉自己的孩子，总有其他人会吃掉他们，"在出席一次业界会议时，他向英国几家报纸的高管们这样说道，他还强调说，他本人不赞成免费提供内容。他说："如果消费者喜欢某一内容或认为内容很重要，我们就应该收取费用。"

然而，随着网络时代的来临，报纸经营模式的转变已是大势所趋。传统报纸收取分类广告和陈列式广告的费用，另外也向报

第二十一章 吉姆·巴克马斯特

纸订户收取费用。人们之所以能在自动售货机上以两角五分的低价买到报纸，是因为报纸收益主要来自于广告。但互联网的出现很快摧毁了这一盈利模式。

正如巴克马斯特所言，"技术发展日新月异，它已经给人们的生活带来了翻天覆地的变化，但很多报纸还没有适应这一巨大变化。"

2009年5月4日，沃伦·巴菲特在接受CNBC的采访时说过一段非常经典的话。他说，如果互联网先于报纸出现，报纸就永远没有成功的那一天。"如果有一天我走过来说，嗨，我有一个好主意：我们在加拿大砍伐树木，然后把它们运到造纸厂，这两个过程本身就需要不小的费用。然后，再把它们运到报社，找一群人通宵达旦、彻夜写稿；到第二天，再找一帮孩子四处分发。我们能以这样的方式打败网络吗？我想，答案我们心知肚明。"

发行量也无力挽回报纸日落西山的现状。今天，大众的阅读方式已经发生变化，人们对消息、新闻的需求才是报纸存在的根本价值。但随着这种需求的下降，正如巴菲特所言，"原来的良性循环，即读者越多，吸引到的广告越多；反过来，广告量的增加又能吸引更多读者的模式已经不复存在。"

巴克马斯特说，相比报纸，克雷格网站有着明显优势："从分类广告的角度看，在线媒介有着报纸所不具备的巨大优势，"他说，"我们努力抓住这种优势，尽可能为用户提供他们想要的、真正喜欢的东西。事实证明，人们非常享受这种在线分类媒介。"

但克雷格并不像其忠实粉丝所认为的是一个非营利性组织。巴克马斯特在伦敦接受英国首个报纸网站Telegraph.co.uk的采访时，十分清晰坦诚地说："我们并不那么反对资本主义……虽然没有做很多工作，但非常幸运的是，我们的发展态势良好，整个运作是健康向上的。我们的工作目标不是疯狂地聚敛财富，我见过很多亿万富翁，这或许听来很可笑，但我还是认为，金钱未必能让我们活得轻松快活。"

"很多亿万富翁不管走到哪里都有保镖跟随左右，朋友和家人看待他们的眼光也会发生变化。而且，他们还要时常考虑如何处置巨额财富，是交给慈善组织，还是另作计划。所以，不向'钱'看反而能让我们更专注于自己喜欢的工作。"

口述实录

吉姆·巴克马斯特最有价值的错误

在密歇根大学医学院读完大二后，我毅然选择退学，这是我一生犯过的最有价值的错误，医学专业并不适合我。

在学习上，我投入了大量时间、金钱和精力。在当时看来，退学是错误的决定。身边很多人都为我感到惋惜，几年后，甚至连我自己都认为当初辍学真是大错特错。但现在，我要为曾经犯过的这一错误说声"感谢"。

读大学时，我的成绩一直不错，很多功课都能拿到优秀，是全班学习成绩排在前十的学生之一。选择退学是因为不喜欢医学专业，随着时间的推移，我越来越感到医学枯燥乏味。几次实践后，更加确信这不是自己未来想要从事的工作。

第二十一章 吉姆·巴克马斯特

想到在医学专业上的投入和当时内心的种种犹豫和疑惑,我决定离开一段时间,至少暂时离开一段日子,接着,就有了休学的决定。

就这样,我休学了一年,接着,又是一年……后来,我干脆决定再也不回学校了。

提问:你在医学院读了多久?

我完成了前两年的学习(学制四年),也欠了一大笔助学贷款。

当时,完全不知道该如何偿清这些贷款,这也是我认为当初离开学校是错误决定的原因。虽然已经退学,但我还没有任何新的计划。

如果继续读书,偿贷就不是问题,因为毕业后做医生可以拿到不错的薪水。那个时候,没有丝毫迹象表明在我的人生道路上还有更适合我的东西在等着我。

提问:在学校读书时,有没有某个时刻你清楚地感觉到不应该再待在医学院了?

我发现药理学异常枯燥。很多人都把它比作是背诵电话簿,要牢记一大堆杂乱无章的东西。

提问:多久后你感觉自己当初的决定是正确的?

我记得,在我退学将近10年后,我还在想:"实在想不出还有什么办法能让自己每年赚到五万美元。"那时,助学贷款

第三部分 新一代

还没有还清，职业前景一片暗淡。

为了打发无聊的日子，我开始学习 Unix 操作系统，但渐渐地我对数据录入和数据处理也没有了兴趣，紧接着，shell 编程进入我的视野。

提问：是哪一刻让你感觉自己的决定是正确的？

一走进 Web 编程，我立刻被吸引住了。

有时，我会一坐就是 18 个小时，读书、钻研、小睡一会儿就是一天。Web 编程就是一块神奇的磁石，我不断惊呼，"哦，天哪！"突然有一天，我找到了自己真正感兴趣的东西，它让我手舞足蹈，激动万分。很快，我告诉自己这才是我想做的事。

后来有了互联网，所以，我到来的时间、地点恰到好处。

最后，我来到密歇根大学的数据档案库，这里存放着海量的数据信息，它为政治和社会科学家们提供重要研究数据，所有重点大学都订阅这里的数据信息。那个时候，他们还一直在用九轨磁带分发数据。

我的努力使研究人员能够通过网络界面进入和下载数据，并做出在线分析。回想起来，那种机会——1994 年在档案库的 Web 编程机会——非常难得。

所以，我到来的时机是正确的，这和运气不无关系，而且我一直认为自己会交上好运。

从一开始，我就对 Web 编程爱不释手，没有人辅导过我，给过我任何指点，我完全靠自学掌握了书中要领。它的美妙之

第二十一章 吉姆·巴克马斯特

处就在于,你能从每一个网页上看到它的源程序。你可以自学,事实上,克雷格的许多程序员都是自学成才的。

提问:是什么在一直指引着你?

我想是直觉吧,直觉告诉我,我可以在这条路上一直走下去。没错,我欠了很多钱,而且不知道该如何还清它们。是,我怀疑过自己,我放弃了一个很多人向往的高薪职业。但学校的学习生活和我的亲身经历告诉我,医学专业不适合我。

尽管没有其他的发展计划,也不知道该如何还债,而且身边的亲戚朋友一致认为有一天我会为自己的决定追悔莫及,但内心总有一个声音坚定地告诉我,我的决定没有错。

提问:有什么可以和大家分享的教训吗?

首先,一定要听从自己内心最真实的声音。

当我们在做出"我们的人生该如何度过"的重大决定时,一定要尊重我们内心最真实的想法。

其次,不要让过去的一切成为你前进道路上的绊脚石,忘记过去的投资,着眼未来,思考未来的投资方向。

这些都是经历艰辛后得来的经验教训,今天,这个故事总算有了完美的结局。

进入克雷格前,我就知道自己一定会成功,因为我终于找到了自己真正喜欢做的事。

第三部分 新一代

吉姆·巴克马斯特相关介绍

吉姆被描述成"反传统、反建制的共产主义者,一个有社会主义倾向的无政府主义者",在所有首席执行官中,他很可能是唯一一位"获此殊荣"者。自 2000 年以来,在吉姆的带领下,克雷格发展成了全世界最受欢迎的网站之一,同时它也是人们使用最多的分类广告媒介。这家拥有约 20 名员工的公司信守公共服务的诺言,保持着非公司化的工作氛围。

进入管理层前,吉姆为克雷格网站设计了首页、制定了网站发展的多城市架构,同时也为网站增加了论坛、搜索引擎、社区调节系统、自动发布功能、交友版块等内容。

加入克雷格前,吉姆曾在克莱德兰公司(Creditland,现已倒闭)和昆腾公司(Quantum)负责网络开发工作。1994—1995 年,巴克马斯特为美国密歇根大学校际政治及社会研究联合会(简称 ICPSR)建立了百万兆容量的数据库网页界面,全世界的研究人员都可以通过这个界面访问社会科学领域的第一手数据信息。

吉姆以优异的成绩毕业于弗吉尼亚理工大学(主修生物化学),后又来到密歇根大学医学院,在那里他阅读经典著作,还学会了做豆腐。现在,他的阅读主要与商业和管理有关。

吉姆个头很高。《纽约时报》、《华尔街日报》、《金融时报》、《财富》杂志、《商业周刊》、《卫报》、《SF 纪事专题报道》(*SF Chronicle*)、《每日电讯报》、《星期日泰晤士报》(*Sunday Times*)

等都曾为吉姆做过专题报道。吉姆也常做客各种电视节目,一次在节目中他还遭到已故主教杰瑞·福尔韦尔(Reverend Jerry Falwell)的强烈谴责。

第二十二章

约翰·卡佩莱蒂

海斯曼奖杯得主
曾效力于美国国家橄榄球联盟的洛杉矶公羊队和圣迭戈闪电队
企业主,汽车爱好者

如果你不是非常年轻,看到约翰·卡佩莱蒂(John Cappellet)还能想起他是谁,你就一定会有一种突然回到童年的感觉。过去30年中发生的一切似乎不再重要,你的思绪会再次飘回到20世纪70年代,重温那种多年不曾有过的由衷的钦佩之情。

约翰说:"人无论15岁还是50岁,似乎都会记住某个给他们的人生带来特殊意义的人。"

人们为什么会崇拜约翰·卡佩莱蒂?因为不是每个人都敢说他们在大学时代打过橄榄球,一路勇往直前,赢得橘子杯(Orange Bowl)比赛冠军,获得美国大学生橄榄球联赛最佳球员奖——海斯曼奖,此后又效力于美国国家橄榄球联盟长达八个赛季,这些不是每个人都能做到的。

约翰的故事远不止这些。接受海斯曼奖杯时,他就站在副总统杰拉尔德·福特(Gerald Ford)的身边,在获奖感言中他讲述了自己身患白血病的弟弟乔伊(Joey)与病魔斗争的感人故事,在场的许多人留下了热泪。他和弟弟的故事后来不仅被写成书,还被拍成了电影《兄弟情深》(1977年,*Something for Joey*)。

约翰说:"没想到这么多年后,还能收到孩子们的来信。印第安纳州一位五年级老师让学生们读完书写信给我,我一共收到30个孩子的来信。真是难以置信,这么多年后它竟还能打动善良的人们。"

约翰的生活十分简朴。尽管他为自己受到的关注表示感激,但有时,人们的评论对他也构成了不小的挑战,为此,他说:

> 我想,人们对在大学里打过球或从事职业体育的人存在误解,他们以为我们的生活不同寻常,不会像其他人一样面临各种生活的挑战和艰辛。在他们眼中,我们似乎永远不会离开大学或职业球赛。事实却是,我们也会变老,也有家庭。总之,我们和其他人一样,每天也要面对各种生活压力。

很多人所不了解的是,即使在体育界,能力也并不等同于机遇,职场政治有时也起着不小的作用。早在约翰获得橄榄球奖学金进入宾夕法尼亚州立大学读书前,他就看到了这一事实。

他受邀在自己的家乡宾夕法尼亚州参加全州的橄榄球全明

第二十二章 约翰·卡佩莱蒂

星赛。"我们得到的答复是，他们会根据我们一英里的赛跑速度决定我们在比赛中的位置。"

"在所有的跑锋中，我的速度最快。但由于托关系，走后门，我在场上丝毫看不到球队的进攻优势。被确定为跑锋的那个家伙来自圣母大学，他的父亲是全明星赛的跑锋教练。比赛快要结束时，我才作为后卫上场。我表现非常出色，但还是无济于事，因为宾州州立大学（Penn State）一开始就认为我只能做后卫而不能做跑锋。"

事实上，大学头两年约翰一直都是球队后卫。大三那年，他终于迎来机会，证明自己是相当出色的跑锋，当时他跑出一千多码。一年后，约翰赢得海斯曼奖杯，带领球队在接下来的赛季中一路过关斩将，打败所有参赛球队。对一个后卫来说，这是相当不错的成绩，对吗？

加入洛杉矶公羊队（Los Angles Rams）和圣迭戈闪电队（San Diego Chargers）在赛场上拼杀的日子已经成为历史，约翰不是一个生活在过去的人。从体育中继承来的职业道德使身为商人的约翰十分与众不同，对待体育的态度早已融入他的企业经营之中（几次投资后，现在约翰在加利福尼亚南部拥有了自己的汽车专卖行）。在约翰看来，生活和工作中不断涌现的问题是一个个他能够成功应对的挑战。

"早晨，每当我走进办公室，有时甚至在我来办公室的路上，都会有人跑上来问'嘿，你看一下这个好吗？你觉得这个怎么样？周末发生了一些事情，我们必须尽快处理'。所以，必须把它们视为挑战，认真应对，如果你把这一切都看做问题而非挑战，那它们迟早还会找上门来。"

"但如果你说,'好,我们看看,一定要找出最佳解决方案。'这样,你就不会把自己累垮,也就不会再说,'天哪,接下来还会出现什么问题?'"约翰总结说:

> 经商多年,我很清楚每天总会迎来新的问题。所以,首先要克服恐惧心理,接受问题,勇敢地问自己'该如何处理?''怎样让情况得到改善?'

多年的从商经历让约翰懂得了保持积极心态的重要性。早在宾州州立大学的全明星橄榄球赛上,他就学到了以后从业于商界需要铭记于心的原则。但每当有人提起那场比赛,他都会很快改换话题;约翰不是一个生活在过去的人,应对今天的挑战才是他关心的重点。

口述实录

约翰·卡佩莱蒂最有价值的错误

2002 年,我和一个朋友合伙经商,我们一起买下一幢大楼,合作十分愉快,但 2005 年他意外去世。

他的儿子也经商,后来,我一直跟他儿子合作。在我们的企业中,我是小股东,大概占 30% 的股份。整栋大楼也归我们三个人所有:他们父子俩和我,所以我的份额相比仍然不高。

第二十二章 约翰·卡佩莱蒂

我清楚自己处在少数派的位子,但这没有太大关系。工作氛围很好,我觉得这不是我们应该严肃讨论的问题。

合作到第九个年头时,一天,他的儿子出去度假。我想等他度假回来,我们要商量一下由他接管企业的事。这本是他父亲创办的企业,而我当时也已经五十多岁,如果他愿意接管,我们应该制定一套方案。这样,我得到一定补偿,整个公司由他负责运作。我想,制定这样一个方案并不难。办公大楼为共有资产,可以暂时留着,无论如何我对即将制定的方案抱以非常乐观的态度。

他度假回来后,我记得那是一个周一的早上,他走进我的办公室,跟我说"你被解雇了"。事情就是这样。那一刻,我惊愕得半天合不上嘴,我说:"不好意思,你在开玩笑吗?"

显然,他相信他在公司实力雄厚,有权做出这样的决定。事实上,几个月前他就开始和律师商量此事,想攻我于不备。这种情况下,我可以以不正当解雇将他告上法庭,使整件事——办公楼、我们合作的企业、不正当解雇——同时得到妥善处理。

最后我赢了官司,因为他有所不知的是,我和他的父亲早有口头协议,其他人也有权知道此事,这些协议不是秘密。多亏了它们,否则我将百口难辩,很难证明自己不是普通员工的身份。

一起创业九年后被通知"你被解雇了"绝不是件好玩的事。

第三部分　新一代

⚠ 它留给我的教训是，和别人合伙经商时一定要十分谨慎。即使占有 49% 的股份，你在公司也仍是少数派，这让你很难拥有想得到的掌控权。如果他人处在掌控地位，占有更大股份，你就无时无刻不处在危险境地。

现在，如果我不是大股东，我就只把它看做投资而已。我不会再承担合伙人的风险。如果一些东西确有价值，我会购买一部分股份，就这些。我只是投资，而不参与企业管理。这样，大家都遵守规则，各司其职，你可以翻看账簿，确保他们没有做不该做的事。这样，至少不会有人说："你工作非常努力，但你被解雇了。"

约翰·卡佩莱蒂相关介绍

在宾夕法尼亚州立大学读大一大二时，约翰是学校橄榄球队防守后卫球员。1972 年，也就是大三那年，他转为跑锋，一共跑出 1117 码。大学最后一年，他跑出 1522 码，成为大家公认的全美最佳选手。约翰是美国大学生橄榄球联赛最佳球员，并因此获得海斯曼奖。1974 年，身高 1.9 米，重 217 斤的卡佩莱蒂加入洛杉矶公羊队，陪伴球队五个赛季。由于膝盖受伤，约翰错过了 1979 年的比赛，之后，他又效力于圣迭戈闪电队，在那里度过了三个赛季，直到退役。约翰在他的八个职业赛季中共跑了 824 次，跑出的距离为 2751 码，平均每次持球进攻所得码数为 3.3 码，24 次达阵；他共接传球 135 次，跑出 1233 码，并 4 次达阵。

第二十二章 约翰·卡佩莱蒂

在宾夕法尼亚州立大学读书的最后一年,约翰在赛季末的比赛中连续三次跑出 200 码以上,其中在与北卡罗来纳州立大学(North Carolina State)的对决中,约翰跑出 220 码。1973 年,约翰获得麦克斯韦奖杯(Maxwell Trophy),这一奖项每年一次,颁发给出色的大学橄榄球运动员。不久,他被美国 ABC 电视台、美国合众国际新闻社(United Press International)、费城体育作家协会、沃尔特夏令营基金会(Walter Camp Foundation)和华盛顿达阵俱乐部(Washington Touchdown Club)评选为"年度最佳球员"。他还参加了学校举办的其他多项橄榄球比赛。大学期间,约翰累计跑出 2639 码,目前仍是宾夕法尼亚州立大学橄榄球比赛多项纪录的保持者。

1973 年,约翰获得海斯曼奖杯,他帮助尼特雄狮队(Nittany Lions)以 12∶0 的成绩在两次大型投票中获得全国第五的排名。1973 年,约翰跑出 1522 码,17 次达阵,成为大家公认的全美最佳选手。约翰在大学主修法律专业。

在 1973 年的海斯曼晚宴上,约翰发表了这一颁奖仪式上有史以来最感人的获奖感言,他向后来死于白血病的弟弟乔伊致敬。这段经历后来被写成书,也被拍成了电影。

职业生涯

首轮选拔中,约翰就被成功选入全国橄榄球联赛洛杉矶公羊队,他在该队和圣迭戈闪电队一共参加了八个赛季的比赛。

1993 年,约翰的名字被成功载入"全美橄榄球基金会大学橄榄球运动名人堂"(National Football Foundation College

Football Hall of Fame）。

目前，约翰居住在加利福尼亚州的拉古纳尼古尔（Laguna Niguel），在圣胡安卡皮斯特拉（San Juan Capistrano）经营着一家古典汽车专卖行。

第四部分

个性名人

个性名人更因为他们的个性和气质而独领风骚；事实上，他们也大都拥有自己的公司。

将他们归为传统意义上的商人或许并不合适，但他们独到的思想和丰富的经验却是商界非常宝贵的一笔财富。这里，你会看到戴夫·拉姆齐，他成就卓著，但总能为走过弯路、犯过错误的人们提供中肯实际的建议；还有苏茜·欧曼，她本人就是顶尖的理财顾问（坦率地讲，她也可以进入"传奇与领袖"部分）。吉姆·克莱默是华尔街传奇人物，网络公司首席执行官，所以，他出现在其他部分也未尝不可，但"个性名人"部分又怎么能少了他的出席呢？在这里，你也能看到别具慧眼、幽默风趣的本·斯坦，和众多优秀喜剧演员一样，他受过良好教育，同时，身为经济学家，他又为人们带来切实可行的理财建议。

这里也有经常出现在脱口秀节目现场的专栏作家，他们侃侃而谈，妙语连珠。或许有人并没有经营大型的企业，但毫无疑问，他们在竞争异常激烈的今天找到了最适合自己的工作，并在职场取得了令人瞩目的成就。没有相当的专业素质和远见卓识，他们会成为各个领域的佼佼者吗？

第二十三章

苏茜·欧曼

美国全国广播公司财经频道节目主持人
被《福布斯》杂志评为"传媒界最具影响力女性"
连续六届《纽约时报》畅销书作家

当你想从电视、广播或报纸上得到一些理财建议时,最先进入你大脑的一定有这样一个名字——苏茜·欧曼(Suze Orman)。

你可以在CNBC她主持的节目中看到她,也能在PBS(美国公共广播公司)的励志演讲中听到她的声音,当然也可以在奥普拉的节目中看到她为人们提供理财指导,赠送理财新作。

但或许和许多人一样,你并不了解苏茜在人们心中的地位,也很好奇为什么她主持的电视节目竟有那样的魔力,毕竟,节目现场她只是问问你是否买得起新车或问你是否负担得起今年的海滩旅行。

你可能不明白为什么:

- 欧曼的四本个人理财著作接连登上畅销书排行榜。
- 欧曼被认为是 PBS 最大的资金筹集者。
- 欧曼是奥普拉节目的常邀嘉宾。
- 欧曼两次获得日间节目艾美奖（Emmy Award）。
- 欧曼六次获得格雷西·艾伦奖（Gracie Allen Awards）。
- 欧曼被《福布斯》杂志评为"传媒界最具影响力女性"。
- 欧曼被《时代》杂志评为"全球最具影响力人物"。

我来给你讲讲她的故事。来到 CNBC，和苏茜慢慢熟悉后，我才真正领略了她的风采和魅力。作为新闻主播，每天我都会采访一些基金经理人，他们常会滔滔不绝地讲起最近的选股策略如何帮他们锁定了股票，有人还会回测他们的投资理论，证明其方法如何有效，你会看到复杂的加减乘除、图标、数字和分析。苏茜给人的印象恰恰相反，她的方法极其简单。

苏茜·欧曼的魅力就在于简单：她的方法与华尔街模式大相径庭。

在她看来，华尔街模式不是出路，不是答案，而是问题。

她说，我们不应该把自己的幸福轻易交给我们不信任的人，这并不意味着她不熟悉华尔街。她曾是那里的股票经纪人和理财顾问，正因为曾经"身在此山中"，对那里的一切了如指掌，她才要告诉你"倍加小心"。

事实上，多年来当股市不断上涨，越吹越大的泡沫眼看就要破裂的时候，她是唯一一位发出警示的理财专家。她告诉人们，股票经纪人和基金经理人并没有把投资者的利益放在第一位，苏茜说：

第二十三章 苏茜·欧曼

那些人甚至不知道自己的钱财该如何投资,他们可能是一流的推销员,但他们并不懂投资。在投资理财方面,他们也只是别人手中的棋子。

一位前股票经纪人说出这样的话可能让你大跌眼镜,但正是那次经历唤起了她对普通投资者的关心。

她回忆说:"那是1983年,我已经在美林证券工作了三年,当时我买入鲍德温联合公司(Baldwin United)数百万美元的股票,我想这是我见到过的最了不起的事情。"

但很快,财经报纸开始报道鲍德温联合公司的金融困境。苏茜回忆说,股票由原来的62美元跌到了2美元。眼看股价无情地下跌,焦急万分的她跑到销售经理的办公室咨询对策。但经理却告诉她:"苏茜,不用着急,我们的股票有买入评级。"

但事实是,鲍德温联合公司的股票的确出了问题,它破产了,苏茜所有的客户将分文无回。她说:

我气疯了,因为他们骗了我,在加利福尼亚,客户们集体诉讼,将经纪公司告上法庭。好在诉讼成功了,最后所有人都拿回了他们的投资。

苏茜讲起了当时的一幕,她喜欢为普通人争取利益。她的建议中常常没有图标、没有曲线,也没有需要回测的复杂概念。

苏茜的建议很直接,也很简单,"以人为本,金钱次之,物末之"。她总结说。她说,世界上有太多想套走我们投资的华尔街类建议,所以,她提醒我们一定要做自己理财投资的主人。

2009年,苏茜在奥普拉脱口秀(Oprah Winfrey Show)节目中首次同意人们在33小时内在奥普拉网站上免费下载她的新书《女性与金钱》(Women and Money)。此言一出,下载人数达到了150万人以上。

口述实录

苏茜·欧曼最有价值的错误

我犯过的最大错误同时也是我犯过的最有价值的错误。那时,我还在保诚贝奇(Prudential Bache)工作,公司一位女财务顾问连续几次没有完成预定工作任务。

一天,经理找到我——当时我已升为投资部主管,他说:"苏茜,你能不能聘她为你的助手?或许她能帮上忙,这样也不用解聘她,我们商量一下。"我答应了,因为当时手头工作的确琐碎繁杂,正好需要人帮忙。

⚠ 尽管我并不喜欢她,但还是让她做了助手。这时,我没有听从自己内心最真实的声音。作为一个女人,我只觉得,我有义务帮助另一个女人摆脱困境。

不久,我决定离开保诚贝奇,自立门户,因为在那里我负责所有客户业务,而奖金的60%却要分给别人,我觉得自己

第二十三章 苏茜·欧曼

很傻。

我找好地方,装饰了办公室,离开前我仍没有勇气告诉那位助手我不想把她带走。坦率地讲,我不希望她跟着我,我不信任她。但我没有勇气说出来,后来,只好带她一起出来。

1987年5月2日,我的公司开业,6月22日我来到办公室,但发现所有档案、文件已被她前一天夜里全部卷走,佣金也全都被她卷走。我们有很多客户,平时,我会见客户,告诉他们如何操作,然后他们再回到我助手的办公室,在那里和她签订投资合同。每次拿到佣金,她都会首先存在办公室账户上(因为她负责签订投资合同,所以佣金也由她来负责转存),我会分到佣金的80%,她得到剩下的20%,这是我们事先约定好的。

⚠ **那天晚上,她偷偷溜进办公室,不仅拿走了所有客户记录,也给即将支付我们佣金的公司打了电话,她让负责人将佣金支票直接寄到她家,因为合同上签有她的名字,我束手无策。这个心怀鬼胎的人想尽办法从我眼皮底下抢走了我的客户。**

从那时起,我告诉自己:我再也不会相信任何人,不管谁来说情,除了自己,我谁也不相信。

直觉告诉我,她会让我惹上麻烦,只可惜当时没有坚持,没有相信直觉。我知道,这是因为当时我对自己还不够信任,我一直在努力说服自己要信任她。但事实上,从一开始我就知

第四部分 个性名人

道她不值得信任。

因为一开始对自己不够信任，我付出了沉重代价。这就是我犯过的最大错误，但它给我留下了受益终生的深刻教训。现在，当我感觉一个刚刚走进我生活的人不怀好意时，通常两秒钟后他就会从我的视线里消失。

⚠ 我相信自己胜过相信任何人。

苏茜·欧曼相关介绍

苏茜·欧曼被《今日美国》（USA Today）称为"个人理财领域的一股重要力量"和"孜孜不倦的理财女强人"。她因主持以自己名字命名的财经脱口秀而两次获得日间艾美奖，她也是《纽约时报》超级畅销书作者。另外，苏茜也常为杂志和网络期刊撰写专栏文章。她是作家、制片人，也是世界一流的励志演说家。在美国，她是公认的个人理财专家。

欧曼是《奥普拉杂志》（Oprah Magazine）和《科思科联合》（Costco Connection）杂志的特约编辑。在过去的八年里，她一直主持着CNBC每周六晚上播出的《苏茜·欧曼秀》节目。在主持生涯中，她取得了其他电视人从未取得的辉煌成就，因为她不仅是公共电视历史上最成功的资金筹集者，而且六次摘得格雷西·艾伦奖，在这一奖项产生以来的34年里，苏茜是获奖次数最高的一位。该奖以美国著名电影、戏剧女演员格雷西·艾伦（Gracie Allen）命名，用以表彰在广播、电视、戏剧界为女性创作了优秀

第二十三章 苏茜·欧曼

作品的人,以及奖给有关女性内容的优秀作品创作者。

2008年4月,欧曼获得亚美莉亚奖(Amelia Earhart Award),该奖是对她为女性理财所做杰出贡献的最好证明。同年10月,欧曼获得人权阵线颁发的民族平等奖(National Equality Award)。2008年和2009年,欧曼被《时代》杂志评为"全球最具影响力人物"。在2008年播出的《周六夜现场》(*Saturday Night Live*)节目中,多次有人模仿欧曼。

欧曼在芝加哥南区长大,在伊利诺伊大学取得社会工作学士学位。2009年,欧曼获得荣誉博士学位。30岁那年,她还仍是一个每月只赚400美元的面包店服务员。

第二十四章

吉姆·克莱默

CNBC 股票投资分析节目《疯钱》的主持人
曾是非常成功的对冲基金经理人
TheStreet.com 网站的创办人之一

这是个节目吗?这是我曾经问他的问题,那个时候,吉姆·克莱默还不是 CNBC 的节目主持人。

不过,当时他已经是远近闻名的对冲基金经理人和网站 TheStreet.com 的共同创办者。此外,他也常常受到《财经扬声器》(Squawk Box)节目组的邀请,共同主持 CNBC 的访谈节目。

那时,还没有太多模仿他主持股票投资分析节目——《疯钱》的电视广告。

那时,哥伦比亚广播公司(CBS)的《新闻一小时》节目还没有对他进行过专访。

那时,他还没有对本·伯南克(美联储主席)及其同事提出

"他们一窍不通"的严厉批评。

那时,他也还没有在2008年的金融危机期间走上"今日秀"节目,警示投资者如果他们在五年内需要用钱就应尽快卖掉手中股票。

那时,不管是对是错,他还不是所有人——从奥巴马政府到"每日秀"节目主持人乔恩·斯图尔特（Jon Stewart）批评的对象。

他告诉我:"很久以前,我就知道,我可以把它做得更加有趣。"

他确实做到了。

在他主持的CNBC电视节目《疯钱》里,他会饱含激情地大声推销你该买进或卖出的股票,观众们的心情也会随着他语气、呼吸的起起落落快速地起伏变化,你一定害怕在车站碰上这样的人。但这就是吉姆·克莱默,即使不主持节目,他也一样激情澎湃,活力十足。他一定是你一生中见到的少有的聪明人之一。

他的华尔街之路并不是从一开始就铺就的金光大道。吉姆·克莱默做过报刊记者,事实上,他正是从那里学会了"让工作变得有趣"。他曾经只能在自己的车里过夜,这样的日子一过就是九个月,就在他思考该如何安身立命时,他拿到了哈佛法学院颁发的法律学位。

吉姆在《疯钱》节目中又吹口哨、又按铃,但一定不要以为他只会这些滑稽搞笑的表面功夫,也一定不要认为这只是他的玩笑而已。节目中他又尖叫、又逗笑,但这一切掩饰不住他对投资的深入思考。早在成为电视明星前,吉姆就是非常成功的对冲基金经理人。虽然一些评论人员总怀疑吉姆在节目中推荐的股票是否能够获利,但我们很清楚地看到,在现实生活中,吉姆的投资给他本人创造了可观的财富。在投资方面,他远比批评他的人经验丰富,他不仅评论股票投资,更重要的是,他自己就是实实在在的投资实践者。他能赚钱是因为他在买进卖出上非常灵活,能根据股价走势灵活操作。

在我看来,吉姆节目的最大价值在于,他能教给人们如何对股票以及所投资的公司做出理智的分析判断。有了正确的方法,无论日内交易还是持仓交易,你都能做到心中有数。

他曾这样评价伯南克——他完全不知道情况有多糟!回头想想,难道他说得有错吗?

吉姆现在已不再将注意力放在基金管理上了,但从1988年到1997年,每年他都能跑赢标普,这其中包括1990年的经济衰退,当时他的基金获利12%,而市场总体下跌了7%。1995年,标普涨回34%,而他的基金一路上扬了60%。

然后迎来了1998年。

口述实录

吉姆·克莱默最有价值的错误

(1998年,标普指数上涨27%,而吉姆·克莱默的基金仅微微上涨了2%。他总结了自己的成功公式,那就是要购买储蓄、贷款状况最好的股票,他决定购买以低于账面价值交易的储蓄贷款银行的股票。）

⚠ **我们选择了一些储蓄贷款银行，并预计它们的股票一定会卖得很好或不断增值，因为几年来情况一直如此。**

（但1998年，低利率使储蓄贷款银行很难在存款业务上赚到钱，而且这一年政府反对该行业整合。）

曾经万无一失的一切开始失灵……每一分钟都有投资者要求得到最新情况……原来的高收益一落千丈，我们的投资组合糟透了。

⚠ **1998年中期，我找到合作伙伴杰夫·伯克维茨（Jeff Berkowitz），我们承认当初的策略有误，并认为"这一切不是我们想要的"。**

要么市场估值过高，我们应该将赚到的钱送回去，要么就该承认我们的方法存在问题。突然改变策略、变换方法是非常危险的决策，但当时我们已经无路可退。

每个晚上，我们都在深刻反思，——查看股票点位，深入讨论为什么曾经强劲的股票现在成了错误的选择。我们告诉投资者，长久以来我们依赖的选股策略已经失灵。做到这一点很难。我们能否在承认错误后留住投资者？很多人选择了离开。我记得，当时一天内我们的投资少了一亿美元，这是很可怕的结果。突然，你感觉失去了方向，传真像雪花一样地飘来，委托卖出、汇款资讯让人心乱如麻。

我陷入了痛苦的深渊，因为离开的一大部分人自1982年开始就追随我了。粗略算来，竟有三分之一的人选择了退出，我备受打击。

但方法策略上的调整让我们有了起色。于是，我们买入科技股，开始思考哪些公司的股票可以让我们的利益最大化，并选择了最佳进入点。1999年，标普增长了20%，我们的涨幅达到了60%。2000年，纳斯达克指数下挫了11%，我们放弃科技股，盈利劲升36%。

⚠ 我们曾经犯过巨大的错误，很多人弃我们而去，但我们没有欺骗自己，而是老老实实地再次审视自己，我们的诚实挽救了公司。

吉姆·克莱默相关介绍

吉姆·克莱默以优异的成绩毕业于哈佛大学（Harvard College），在那里，他是《哈佛深红报》（*Harvard Crimson*）的总负责人。在迁到纽约帮助创办商业杂志《美国律师》（*American Lawyer*）前，吉姆是《塔拉哈西民主报》（*Tallahassee Democrat*）和《洛杉矶先驱考察报》（*Los Angeles Herald Examiner*）的记者，报道体育、娱乐、新闻、谋杀等各种消息。经过三年的省吃俭用，吉姆进入哈佛法学院，并于1984年取得法学博士学位。毕业后，吉姆并没有从业于律师行业而是加入了高盛公司，在那里负

第四部分　个性名人

责销售业务。1987年,他离开高盛,创办了自己的对冲基金公司。管理公司期间,克莱默先生还帮助道琼斯公司创办了报纸《明智投资》(Smart Money),1996年又合作创办了网站TheStreet.com,他不仅是网站总负责人,还常为网站撰写专栏文章。

2000年,克莱默先生从基金管理的位子上退下来,全身心投入到广播、电视节目的制作中。目前,他是CNBC电视台和网站TheStreet.com的知名市场投资评论员。每天,除负责网站视频内容,为"RealMoney(成功投资)"和"Action Alerts PLUS(行动警示)"板块撰写文章外,他还是CNBC股票分析节目《疯钱》的节目主持人。

克莱默先生已出版的著作有:《华尔街瘾君子的自白》(Confessions of a Street Addict)、《你被坑了》(You Got Screwed)、《吉姆·克莱默的成功投资》(Jim Cramer's Real Money)、《吉姆·克莱默的疯钱》(Jim Cramer's Mad Money)、《吉姆·克莱默的生活热情》(Jim Cramer's Stay Mad for Life),最近出版的一本名为《赢回本钱》(Jim Cramer's Getting Back to Even)。他还常为《纽约》杂志撰写文章,他参与过的节目有:《60分钟》、《与提姆·拉瑟特共会新闻界》、布莱恩·威廉姆斯(Brian Williams)主播的《晚间新闻》、杰·雷诺(Jay Leno)主持的《今夜秀》、康纳·欧布莱恩(Conan O'Brien)主持的《深夜秀》、美国全国广播公司(NBC)马特·劳尔和梅瑞迪斯·薇拉主持的《今日新闻》以及微软全国有线广播电视公司(MSNBC)的《早安乔》(Morning Joe)节目。

第二十五章

马克·库班

创建了著名网站 Broadcast.com
出售网站给"雅虎",跻身亿万富翁
美国职业篮球联赛(NBA)达拉斯小牛队的主人

马克·库班(Mark Cuban)过着许多中年人梦寐以求的生活。他创办了网络公司,以几十亿美元的高价售出,现在又是达拉斯小牛队的主人。在那里,他时而挥手呐喊,时而眉头紧锁,队员受到不公判罚后他会对裁判不依不饶,大喊大叫,还有什么能比这样的生活更令人兴奋的呢?

是,有时他也会惹上麻烦,比如,他会和对方球员争得面红耳赤,对着媒体摄像机严厉指责裁判的不公判罚。他也因此常被联盟罚款,总金额估计早已超过150万美元,但像他这样的亿万富翁会在乎这些罚款吗?

库班认为,为维护宝贵的言论自由,花钱也值得,如他常说

第四部分　个性名人

NBA 的裁判们"做不了奶品皇后（美国著名冰淇淋连锁品牌）的管理者"。这并不意味着联盟管理存在问题，而是说奶品皇后的管理非常严格。所以，有时他会花整整一天在奶品皇后（Dairy Queen）连锁店做牛奶刨冰，为顾客们送上巧克力蛋卷冰淇淋。鲜为人知的是，这位来自匹兹堡的男人对蓝领工人的工作情有独钟，可以说，这就是他的第二天性。

他的父亲是一名普通的汽车装饰工人，库班做过销售员、酒吧服务生、派对组织者、迪斯科舞教练。（这或许是他看上去像美国广播公司推出的《与星共舞》参赛选手的原因。）

在 20 世纪 80 年代成立自己的计算机资讯公司——MicroSolutions 前，库克并不是一个有钱人，1990 年他卖掉公司，从这笔交易中获利 200 万美元，但直到后来他才赚取了人生中的第一个一亿美元。

直到现在，马克看上去仍像一个蓝领工人，但人不可貌相，他可不是我们在任何地方都能见到的普通蓝领工人。他积极进取、富有创见，做任何事情总能全身心投入，他最大的优点就是能将这一切完美融于一身。

你知道他上印第安纳大学的钱是从哪来的吗？是他发送连锁信件赚到的。

库班告诉我："那的确是一个旁氏骗局（指骗子向虚拟的企业投资，以后来投资者的钱作为快速盈利付给最初投资者以诱使更多人上当），但从那里我学会了市场的运作方式。"

20 世纪 90 年代，他建立了自己的网站 Broadcast.com，希望转播印第安纳大学的篮球比赛。后来，他将网站以近 60 亿美元的高价卖给了雅虎公司，如果没有远见卓识，网站一定会在 2000 年的网络泡沫中陷入困境。

他是如何久坐亿万富翁宝座的？从雅虎净赚 20 亿美元后，他买入认沽期权以防下跌。就这样，在网络泡沫破裂后，他仍能稳坐亿万富翁的宝座。

库班发了财，但他并不是所谓的软件奇才。他是一个不像商人的大商人。

口述实录

马克·库班最有价值的错误

大三的时候，我和朋友们喜欢组织派对。那时我们还不到 21 岁，但也能进入酒吧，于是我们开始负责为派对收取服务费。

一个夏天过去了，我们兜里的钱慢慢多了起来，我跟朋友们说："看吧，成功了，我们应该继续。"于是派对活动越来越多。

⚠ 大四那年，我们接管了一个酒吧。几个朋友投了钱，我则把自己的助学贷款投了进去。我们给酒吧重新起名为"马特里的酒吧（Motley' Pub）"，它就坐落于印第安纳州布鲁明顿市（Bloomington）的敦刻尔克广场。

因为创意独特，经营有方，我们的酒吧成了学校最火的酒

第四部分　个性名人

吧，生意非常火爆。到了 1979 年 2 月，我永远忘不了那一天。我们组织了湿 T 恤比赛（由身穿湿透 T 恤的女同学透视性地秀出各自魔鬼般的身材），整个酒吧被前来参赛、观看的大学生围得水泄不通。当时，我提醒自己和其他几位组织者一定要倍加小心，千万不能引起当局注意。这不仅是因为我们组织了湿 T 恤比赛，还因为我们风格迥异的酒吧氛围迫使当地其他酒吧生意不断下滑。

我提出，由自己来认真核查参加比赛的女孩身份，我记得我检查的第一个女孩子看上去年龄很小，但身份证显示她的年龄可以参赛。

⚠ **我们的比赛正常进行，一切进展顺利。当地一家报纸决定拍照，照片上出现了最后进入决赛的选手靓照。顺便提一下，当时她们都穿戴整齐才拍的照。但后来，一名监管缓刑犯的官员看到了这些照片，他立刻认出其中一个女孩只有 16 岁，她因卖淫正在服缓刑。整件事情因此炸开了锅，我成了罪魁祸首，这次比赛基本结束了我的酒吧管理生涯。**

我对当时的每分每秒深怀感激，如果没有当时的错误，也就不会有我今天的成就，这是我犯过的最大错误。如果没有它，估计我还在印第安纳的布鲁明顿市经营着不起眼的小酒吧呢。

第二十五章　马克·库班

马克·库班相关介绍

2000年1月14日，库班购买了达拉斯小牛队，从他到来的那一天起，小牛队发生了彻头彻尾的变化。整个球队又一次有了派对气氛，在联盟竞技场上他们的歌声又一次嘹亮响起。小牛队的比赛不再是普通的NBA篮球赛，看得出，他们是在享受一场前所未有的娱乐盛宴。

库班将自豪和激情成功注入小牛队，他没有扮演被动的"取款机"角色，而是身穿印有队徽的短T恤坐在场边激动地观战，这让他成了千万球迷心中永不褪色的行为榜样，同时他还是所有球队老板中第一个将个人电子邮件地址向球迷公开的人，他希望借此与球迷直接交流。这不仅为他赢得了大都会区球迷的一致好评，更让他顺利进入世界球迷的视线，他的活力、激情和小牛队的每场比赛从此得到了更多人的关注。他亲自回复的邮件多达上万封，来自球迷的真诚建议，如三面进攻、定点投篮等都为球队带来了更多创新。

库班"为胜利不惜一切"的格言感染了整个球队，它已经成为小牛队的精神支柱。在他到来的第一个赛季里，球队记录为31胜19负，其中2000年4月取得9胜1负的辉煌战果。库班为球队聘请了专门指导进攻、防守和投篮的优秀教练，并承诺甘愿为球队发展付出一切。2000—2001赛季，小牛的战绩为53胜29负，11年来第一次闯入季后赛，成为了NBA历史上第六支以0：2落后，但又以强势进攻在第一轮里连赢五场的球队。

2001—2002赛季一开始，小牛队迁至他们的新家——美国航空中心，库班还在 2001 年 9 月创建了 HDNet，这是第一家通过卫星转播高清电视节目的机构。通过 HDNet，库班正在电视业发起新的革命。

2001—2002 年，小牛队在第一赛季结束时创纪录地取得了 57 胜 25 负的好成绩，并创造了 NBA 历史上 27 胜 14 负的最好客场战绩，连续两年打入季后赛。

入主小牛前，库班和朋友 1995 年共同创建了 Broadcast.com 网站，该网站是多媒体和流媒体的主要提供商。1999 年 7 月，他将网站卖给了"雅虎"。 在创建 Broadcast.com 网站前，库班和朋友于 1983 年共同成立了计算机资讯公司——MicroSolutions，提供系统咨询和软件销售业务，并在网络经济最繁荣的时候转卖给了美国最大的在线服务公司——CompuServe。

今天，除担任小牛队老板外，库班还是领先技术和尖端技术的积极投资者，并常常受邀到各地发表演说。

第二十六章

本·斯坦

两位美国总统的演讲稿撰写人
作家、演员、律师、经济学家、专栏作家
他也是费利·布勒（Ferris Bueller）的什么呢？所有。

　　终于又有机会采访他了，这次一定要一吐为快。几年前，我主持一个电视商业秀节目时，他在洛杉矶我们的演播室里参加了讨论，我记得当时我提了很多问题，但其中一个他并没有给出回答，我自然要提醒他："布勒（Bueller）……布勒（Bueller）……"

　　机会来了。回答问题时，他却并没有提及当时我对他的称呼，一定是我的莽撞惹恼了他，我怎么可以将如此受人爱戴的作家、律师、经济学家降低为电影《春天不是读书天》(*Ferris Bueller's Day Off*)里那位无趣至极的老师呢？

　　"不会啊，我怎么可能为此生气呢？"他说，"当时完全没有听到问题，如果听到了，一定会做出回答。我喜欢人们用电影里我饰演的角色来取笑我,这没什么。"

这让我有些惊讶,他说"我不介意,在机场很多人会围过来大声喊'布勒……布勒……',有时一整天我都能听到这种声音,我不介意。我喜欢有人关注我,默默无闻、无人问津多孤独,能引起他人注意是好事。"

这就是本·斯坦最吸引人的地方——幽默感。事实上,他发表严肃评论时,也常常听来非常好笑。在美国有线电视新闻网(CNN)或福克斯新闻频道做特约嘉宾时,他常会在节目里抱怨或责骂一些政客,而他那独一无二的幽默也让你很难分辨他只是开开玩笑还是有意为之。和本·斯坦谈话趣味无穷,他的幽默总让你猝不及防。

但毕竟他是受过高等教育的人,本是著名经济学家赫伯·斯坦(Herb Stein)的儿子,他以优异的成绩毕业于哥伦比亚大学,主修经济学,此后又在耶鲁大学法学院求学。毕业后,他做过美国商务部经济研究员,联邦贸易委员会出庭律师,也曾在加州佩普汀(Pepperdine)的美国大学分校和圣克鲁兹(Santa Cruz)的加利福尼亚大学分校教授经济学和法律。

本·斯坦已有多部作品问世,其中包括七本小说。他也曾是理查德·尼克松总统的演讲稿撰写人和律师。除此之外,《华尔街日报》、《纽约时报》、《纽约》杂志、《洛杉矶先驱考察报》(Los Angeles Herald-Examiner)和《美国观察家》杂志(American Spectator)里都有他开设的专栏,《巴伦周刊》(Barron)上也常刊登有他的文章。本还主持着喜剧中心(美国有线频道)广受好评的电视节目《赢得本·斯坦的钱》(Win Ben Stein's Money),

在那里他是万众瞩目的明星,同时,本也是哥伦比亚广播公司(CBS)《周日早间》节目和福克斯新闻的特邀财经评论员。

如果列举出来,他的成就可以写上几十页,但有一点不得不提:约翰 F. 肯尼迪总统曾邀请诺贝尔奖获得者来白宫聚餐,就此,本说过一句现在常被人们引用的名言:"我想,除托马斯·杰弗逊外,他们是所有曾在白宫聚餐的人中最了不起的人间精英。"

本·斯坦可能比不上托马斯·杰弗逊,但在肯尼迪总统邀请的所有贵宾中没有一个人在表演天赋上可以胜过本·斯坦,他知道人们会以怎样的方式记得他,他说:

> 我希望将来我的墓碑上会首先写有我的名字——"本·斯坦",然后有我的生卒年,后面跟着"布勒……布勒……"
>
> 我不会介意。

近些年,主流媒体并不欢迎他较为保守的政治倾向。本在《纽约时报》负责着一个商业专栏,后来他们因反对本拍摄电视商业广告而取消了该专栏。他说:"这完全属于政治诽谤,他们说我不能参与拍摄电视广告,但在被聘用前,我做过 20 年的电视广告,这简直难以置信!他们甚至跟我索要过广告纪念品,现在却又说'哦,我们不知道你要做电视广告!'在我的编辑手中,有整整一打我曾经送他的广告纪念品!"

我是本负责的周日专栏的忠实读者,现在仍很想念他一针见血、针砭时弊的独到评论。旧事重提,本依然对灰色女士(对

《纽约时报》的戏称）有些耿耿于怀。或许我不该哪壶不开提哪壶，但谁能说这不是件很有意思的事呢？

布勒？

口述实录

本·斯坦最有价值的错误

1987 年，我和妻子在科罗拉多的滑雪胜地阿斯彭（Aspen）买了一栋特别漂亮的房子，无论外观还是内设，那栋房子都非常夺人眼球。那些年的地产市场比较冷清，所以，我们大概只花了 27 万美元就在阿斯彭拥有了一栋人见人爱的住所。

但没多久，当初对它的好感渐渐消失殆尽。整修房子期间，承包商一再抬价，无故诈走我们很多钱；我们离开阿斯彭后，又有邻居强占了我们约一百平方英尺的土地。滑雪季到来，我们把房子和院子租给了几位滑雪爱好者，但他们根本不懂得善待他人住所。

⚠ 我们想："这套房子给我们带来的麻烦实在太多了，留着它似乎不值，而且我们认为阿斯彭已经没有多少发展空间，整个小镇也不会再有大变化了。"所以，我们以 30 多万美元的价格卖掉了位于我们自认为没有多大发展前景的阿斯彭的房子，从中赚到十多万美元。但不到十年的

第二十六章 本·斯坦

时间，那栋房子的市场价格翻了十倍。

我认为它是大错的原因在于：除了这栋房子，我们还有多处地产都没有轻易出手。这在很多人看来或许更是错上加错，因为在今天的市场上，房地产是烫手山芋，大家一个个躲得远远的，不愿再提起它。我有很多处房产，大部分是商用不动产。

⚠ 我从阿斯彭房产例子中吸取的教训在我看来不是我应该牢记于心的教训。我得到的教训常和这样一种情形有关，那就是我发现很多时候我会从一些事情中得出错误结论。

很早以前，我聪明过人的父亲（赫伯·斯坦，尼克松总统和福特总统的经济顾问委员会主席）就告诉我必须记住一句话，"每有通货膨胀，包括房地产在内，一条原则始终不变，那就是，任何通胀总有结束之日。"我总忘记这句话——所有通胀总有结束之日。是，它们还会上涨，所以我希望有生之年还能看到它们再次涨起来。

阿斯彭投资中也有可取之处，因为除去成本，单看净收益，在我的房产投资中收益还是远远高过损失的。

⚠ 我从阿斯彭房产交易中得出的结论——不应出手过早，对我的投资帮助很大。虽然过去几年的投资也有损失，但相比我 20 年前的购买价格，收益仍非常可观。

第四部分　个性名人

本·斯坦相关介绍

本杰明·J.斯坦于1944年11月25日出生于华盛顿，他是经济学家、作家赫伯·斯坦的儿子。本在马里兰州的银泉市（Silver Spring）长大，曾就读于蒙哥马利布莱尔中学（Montgomery Blair High School）。1966年，攻读经济学的本以优异的成绩从哥伦比亚大学毕业，1970年，本又在耶鲁法学院顺利完成学业，并被同学们一致推选为学生代表在毕业典礼上发表演讲。本还曾在耶鲁研究生院学习经济学。毕业后，他进入美国商务部，从事经济分析与研究，后来又在纽黑文市和华盛顿特区做过律师，此后，本在华盛顿被贸易委员会聘为出庭律师，他还分别在华盛顿的美国大学、圣克鲁兹的加利福尼亚大学分校（UCSC）和加州马里布（Malibu）的佩普汀大学做过兼职教授。在美国大学，本主要讲授大众文化的政治、社会部分，在UCSC他除了讲授和在美国大学同样的内容外，还增加了宪法下的政治权利和公民权利等内容。在佩普汀，自1986年后，他还教过诽谤法、证券法及专业伦理。1973和1974年，他在白宫为理查德·尼克松总统撰写演讲稿，后又为杰拉尔德·福特总统撰写演讲稿，同时出任他们的律师。本是《纽约》杂志、《洛杉矶》杂志以及《E!在线》（E! Online）的专栏作家，《华尔街日报》专栏作家、社论作者，《洛杉矶先驱考察报》（R.I.P）和国王影像企业（King Features Syndicate）专栏作家，同时也常为《巴伦周刊》供稿，本发表在该刊的有关米尔肯（Milken Drexel）垃圾证券案折射出的欺诈

第二十六章 本·斯坦

行为和管理层收购涉及的道德问题等评论文章在美国国内引起强烈反响。更值得一提的是，20年来，本已经为《美国观察家》杂志撰写了数量惊人的稿件。目前，他负责着《纽约时报》周日商业版的一个专栏，而且多年来他都在雅虎拥有一个个人理财专栏。另外，本也是哥伦比亚广播公司（CBS）周日早间节目和福克斯新闻特邀财经评论员。

本·斯坦现已发表的30部作品中既有独著也有合著，其中有小说7本，它们均以洛杉矶生活为主题，21本为非小说类著作，内容主要涉及金融、金融道德以及与金融相关的其他社会议题；另外，大众政治文化、社会文化也是部分作品讨论的主要内容。在揭秘电视电影的拍摄、制作方面，本·斯坦是众所周知的先行者，在这方面他写过的文章有："好莱坞的白昼"（Hollywood Days）、"好莱坞的夜晚"（Hollywood Nights）、"金融通道"（Financial Passages）、"卢德思"（Ludes）、"被盗的许可证"（A License to Steal）、"迈克尔·米尔肯和他欺骗国家的阴谋"（Michael Milken and the Conspiracy to Bilk the Nation）、"落日余晖，林荫大道无限美"（A View from Sunset Boulevard）、"DREEMZ"等。本最新出版的是一本非常畅销的轻松幽默的自助书，名为《如何毁掉你的人生》（How to Ruin Your Life）。本·斯坦也是有着多年工作经验的出色编剧，他为电影《等待审核》（The Boost）写过初稿，也为迷你电视剧《亚美利加》（Amerika）提供过故事纲要，最广为人知的应该是他为《密西西比谋杀案》（Murder in Mississippi）创作的剧本了。很多人可能并不了解，本·斯坦其实也是深受好评的电视喜剧片《今晚费伍德

239

(*Fernwood Tonight*)的创作者之一。

除以上领域外，本·斯坦也是有名的电影、电视和广告演员。在引起强烈反响的电影《春天不是读书天》里，他扮演了一位乏味无趣的老师，他对这一角色的塑造已被列入50个最著名的美国电影画面之一。从1997到2002年，他一直主持着喜剧中心频道益智游戏节目《赢得本·斯坦的钱》，该节目七次赢得美国电视最高荣誉——"艾美奖"（Emmys）。他也是哥伦比亚广播公司《非常选秀》（*Star Search*）节目和热门录像带第一台（一种播放录像带的有线电视频道）《美国最美模特》（*America's Most Smartest Model*）的节目评委。

本·斯坦和曾经做过律师的妻子亚历山德拉·登曼（Alexandra Denman）以及他们心爱的宠物——6只可爱的猫咪、3只大狗——一起生活在比弗利山庄（Beverly Hills）。平时，本·斯坦还喜欢参与保护动物和反对堕胎的慈善活动。

第二十七章

阿里安娜·赫芬顿

HuffingtonPost.com 网站的创办者
被《福布斯》杂志评为"传媒界最具影响力女性"
作家、专栏作家、加利福尼亚州州长候选人

　　我们婴儿潮一代（第二次世界大战后出生，20世纪五六十年代长大的一代）应该都还记得政治辩论很纯洁的那段日子，哦，我并不是说政治不是肮脏的把戏——这一特点从未改变。但在电台节目主持人为激起民众的反政府情绪而捏造事实，或在政府工作人员为改变选举结果而在选举日发起大型广告宣传活动的日子里，参加政治辩论的往往都是很有见地的人，他们受过高等教育、成就卓著、博古通今。这种辩论是20世纪60年代革命在70年代的一种智力延续。有一天，一位名叫阿里安娜·赫芬顿的学生发现自己也置身其中，从那里她得到了受用一生的教训。

　　她说："在剑桥读本科期间，我参加了学校的辩论社团，在

J.K. 加尔布雷斯（J.K. Galbraith）对比尔·巴克利（Bill Buckley）的那场辩论中，我要做一段开场陈词。"

约翰·肯尼思·加尔布雷斯是肯尼迪家族的朋友，他是著名的自由派经济学家，因此，他相信政府有能力消除众多社会弊病及自由市场带来的不公正问题。身为哈佛大学杰出经济学教授的加尔布雷斯效力于民主党总统，当时已出版多部思想进步的经济学著作。他身高约 2.1 米，值得一提的是，当时他在自由派经济学领域获得的荣誉证书摞起来大概有他本人那么高。

威廉·F. 巴克利恰恰相反，他在保守党人中间是有口皆碑的巨星。在电视节目《火线》（*Firing Line*）的政治辩论中他的对手们一个个败下阵来，他的机警、敏锐让他成了家喻户晓的保守主义先锋。他的自由主义思想也为共和党奠定了运动基础，最终推动罗纳德·里根（Ronald Reagan）等领导人走上了更高的政治舞台。

"我们的辩论要全程录音，然后在巴克利主持的电视政论节目《火线》上播出，"阿里安娜回忆说，"我陈词结束后由加尔布雷斯发言，接着巴克利发言，他口若悬河、步步紧逼，加尔布雷斯的论据被批驳得体无完肤。

"我当时就坐在加尔布雷斯身边，巴克利的陈述还在进行，加尔布雷斯用胳膊肘推了推我，暗示我打断巴克利，以某种很学术的方式向巴克利解释说，刚才他所描述的一切仅适用于证券市场，而所有其他市场都是不完善的。直觉告诉我不应该这样做，因为我知道这不符合辩论的本质，但剑桥联合会的规则是：如果有人起身，讲话人就应该暂停下来，允许有人打断。因此巴克利

第二十七章　阿里安娜·赫芬顿

停下来，我打断了他，讲出了我的观点。

"巴克利的目光投向我，他说，'女士，我不知道你经常光顾什么样的市场。'话音未落，全场报以雷鸣般的掌声。直到今天，我都不明白他说那句话的意思，但那一刻的确感觉受到了奇耻大辱，心想，以后我不可能再在剑桥做辩手了。

"那次辩论告诉我，永远不要做违背自己理智判断的事，即使他是声名显赫的大教授，而你只是名不见经传的大学生。另外，只要你自己认为没有结束，不愿放弃，你就还会在那条路上走下去，一切取决于你的认识。不气馁，不灰心，争取不放掉任何一个可以杀回来的机会。"

阿里安娜喜欢重温过去的经历，当时她就站在约翰·肯尼思·加尔布雷斯一边，20世纪70年代，她的大多观点也都体现了自由派的倾向。但后来，尤其在20世纪80年代中后期和90年代，她开始越来越多地支持共和党事业（那时，她已与共和党议员迈克尔·赫芬顿结为夫妻）；当时，阿里安娜对纽特·金里奇（Newt Gingrich）革命和1996年鲍伯·多尔（Bob Dole）当选总统都给予了积极的支持。但20世纪90年代后期，她又一次转向更进步的政治方向。现在，再次回到民主党，阿里安娜深信政府有能力消除顽疾，推动社会进步。

在经历了波波折折、起起伏伏后，阿里安娜告诉我，她始终不变的梦想和追求是"创建更公平、正义的社会，为底层人民提供更多帮助"。她已不再相信保守党运动可以帮她实现这一伟大目标。她说自己并不后悔当时为加尔布雷斯做了辩护，因为在她看来自由派的观点没有错。

第四部分　个性名人

加尔布雷斯和巴克利本该为阿里安娜感到骄傲。

口述实录

阿里安娜·赫芬顿最有价值的错误

我一生中最大的失败或错误和我的第二本书有关,此前,第一本著作顺利出版。

在第一本书里,我写到了妇女世界的巨大变化[《妇女》(*The Female Woman*)];在第二本书《理智之后》(*After Reason*)中,我想写写自己对政治领导力的认识。没有人要求我写这样的内容,这完全出于个人兴趣。所以,当一个个出版商拒绝我时,你可以想象到我当时的心情。36家出版社拒绝了我的书稿,直到第37家我才松了口气。

一次次的拒绝让我开始怀疑自己,也开始心生恐惧,是不是选择了错误的职业道路?是不是很快就会身无分文,流浪街头?而且我也在想,第一本书受到热捧是否只是意外?无数个失眠的夜里,我都在痛苦地思考作家这一职业是否真正适合我。

当时,我是靠第一本书的版税维持生活,撰写第二本书的费用也主要从这里得来,我知道不久钱会全部花光。我面临的选择是重新择业(放弃写书)或继续坚持。

那时我住在伦敦,我记得走在詹姆斯街(James Street)上,路过巴克莱银行(Barclay's)的那一天,好像有种特殊的

第二十七章 阿里安娜·赫芬顿

声音在鼓励着我,我径直推门进去,要求透支贷款。

接待我的人是伊恩·贝尔(Ian Bell),想想当时的一幕就好像童话,你深陷困境,希望有人及时相助,而伊恩·贝尔正是能救你于危难的大恩人。他为我办理了透支贷款——我相信至今他也不明白为什么——每个圣诞节他都会收到我寄去的问候卡。

透支贷款让我的写作继续下来,一家又一家,一次又一次,我的脚步没有停歇。随着时间的推移,我发出的信件,见到的出版商越来越多。没有代理人,也没有任何可以替我说话的人,所以,如果没有伊恩为我办理的透支贷款,我很可能已经放弃写作,从事了其他工作。感谢伊恩·贝尔,是他让我重拾信心,坚持到了梦想实现的那一天。

终于有人同意出版,虽然第二本书销量平平,但它却像一颗深植于我内心的种子,20年后在我40多岁的时候发了芽、结了果——我开始了真正的政治生活,也开始了以政治为主题的写作。当时我写下的大部分内容成了我后来政治思考的基础。

提问:很多人都知道你改变了政治立场,对此你自己怎么看?

是,但有一点,那就是无论我加入共和党还是离开共和党,我政治立场的核心没有变。对我来说,建设更公平正义的社会,关心底层人民的需求才是最重要的。加入共和党是因为我认为可以通过私营部门达到这一目标,但后来却发现我希望看到的结果并不像想象的来得那么快，于是我果断选择了离开。我们的确需要强有力的政府拨款和宏观调控。

（大约30年后，我们可以通过她的政治立场、她的企业经营以及她的网站——HuffingtonPost.com清楚地看到她的经历，她的爱恨和所思所想。）

我把这一切看成从失败中学习的结果，这种经历怎么能简单称之为"错误"呢？很多时候，我们因惧怕失败才不去冒险，但如果没有冒险，又怎可能有机会发现我们宝贵的潜力呢？

⚠ 只有正确看待失败，克服恐惧心理，你才可能大胆尝试，热情地投身于自己钟爱的事业，取得辉煌卓越的成就。

阿里安娜·赫芬顿相关介绍

阿里安娜·赫芬顿是《赫芬顿邮报》(*Huffington Post*)的共同创办者、总编辑，也是备受欢迎的专栏作家；至今，她已有12本书问世。同时，她也是公共电台政治会谈节目《左、中、右》(*Left, Right & Center*)的搭档主持。阿里安娜·赫芬顿常被邀请出席《查理·罗斯访谈》(*Charlie Rose*)、《马赫脱口秀》(*Real Time with Bill Maher*)、《拉里·金现场》(*Larry King Live*)、《与欧伯曼一起倒计时》(*Countdown with Keith Olbermann*)、《蕾切尔秀》(*Rachel Maddow show*)等电视节目。2005年5月，政界名流赫芬顿推出《赫芬顿邮报》，目前它已是美国最具影响力

第二十七章　阿里安娜·赫芬顿

的新闻博客网站，其月独立流量已经超过号称"美国第一博客"的德拉吉报告（Drudge Report）。2006年，她被《时代》杂志评为"全世界最具影响力人物"，两年后又被门户网站"I Want Media"评为"年度媒体人物"，赫芬顿邮报的"赫芬顿邮报博客指南"也由她亲自执笔完成。阿里安娜·赫芬顿1950年出生于希腊首都雅典，16岁时来到英国。她毕业于剑桥大学，取得经济学硕士学位，21岁那年被推选为著名辩论社团——剑桥联合会（Cambridge Union）社长。

第二十八章

赫伯·格林伯格

《财富》、《华尔街日报》、市场观察网、TheStreet.com 专栏作家
CNBC 资深股票评论员、福克斯新闻及 The Street.com 专家组成员
格林伯格梅瑞茨研究分析公司的共同创办者

"我绝不写书。"赫伯·格林伯格告诉我。事实上,这句话他大概讲过 50 多遍。"人人都在写书,他们倾注心血,和大家分享自己最宝贵的人生经历和深入思考,但有多少人会去阅读呢?最多也就售出五千本,不值得。"

对一个初次写书的人来说,我希望他的说法是错误的。坦率地讲,我更希望他能改变主意,著书立说,因为许多人将通过阅读他的著作赚到或积攒一大笔财富。

如果在过去的 15 年里你留意过商业类电视节目,或 30 年来你一直都在关注商业类出版物,赫伯的面孔和文字对你来说一定不会陌生。我们相识在 20 世纪 90 年代末,当时他常被 CNBC

（美国全国广播公司财经频道）邀请参与节目评论。（很高兴我们现在还是关系很好的朋友，我和妻子——在孩子出生前——曾和他的家人一起享用难忘的圣诞晚餐。有多少人在格林伯格家用过圣诞晚餐呢？）

一段时间里，几乎人人都在为网络这一新生事物而手舞足蹈、兴奋不已，所有股票分析师都建议客户莫失良机，投资这样或那样的新兴网络公司。赫伯则拒绝与他们为伍，在满得几乎溢出的大酒杯里品尝美酒不是他的风格。

当时很多选股人和基金经理人都一哄而上，追捧一路飙升的网络公司股票，而格林伯格则被很多经纪人和电视制片人称为这一时尚潮流的逆行者，大家试图通过集体的高涨热情证明格林伯格的泡沫忧伤情绪实属杞人忧天。他们会大笑着说："哈哈，赫伯，那简直是太疯狂了！"我见证了这一切，当时在我主持的节目中格林伯格谈到了资产负债表的作用，但很快他的对手就将这一提法批得体无完肤。想想，在那个时候，所谓的新范式就意味着收入、利润等很多年前的提法已经成为传统实体企业的遗物了。

但赫伯并不因此而心生嫉恨，他总是微笑着面对各种不解和质疑。在此前的20年里，他的报告以及很多公开文件都反映出，网络公司已经深陷泥潭。在他看来，危险信号不断亮起，而且这些信号不会因为人们的美好愿望而自动消失。

他为盛极一时的泰科电子（Tyco）、电子商贸（E*Trade）、美国城市债券保险（MBIA, Inc.）和一些小公司，如林浩（Learnout and Hauspie）、美多讯（MediaVision）、艾瑞尼

第二十八章　赫伯·格林伯格

（AremiSoft）等亮出了危险信号。（赫伯："你从未听说过的最大骗局之一。"）

他在寻找什么？这更像是一门艺术而非科学。

"作为一名记者，记住——我的信息常以华尔街、公司员工或其他人的建议、观点开头，"他补充说：

> 一个完美的故事或完美的情形可以是许许多多种不同画面，但取悦投资者的会计手法总是一个危险信号。过度关注股价也会将你引向深渊，轻而易得的奖金往往容易被人为恶意操控，流向已经高度饱和市场的产品也是值得关注的红色警示信号。没有哪双鞋子能合所有人的脚。

赫伯回忆说："美多讯最后以倒闭收场，其首席执行官和首席财务官也锒铛入狱。我记得倒闭前，这家公司的一名员工来到我的办公室，给我看他们的第二套账簿。而此前，我就已经发布报告，提醒他们应收款已远远高于销售额，同时也对公司其他方面的运作提出了严厉警告。"

赫伯总能先行一步，一些公司在他们的资产负债表或损益表已经问题多多时还浑然不知，而他总能登高望远、明察秋毫。他的电视事业也不例外。

在吉姆·克莱默主持的《疯钱》节目中，赫伯做过一年评论员，"那时这个节目的关注度还很低。"他说。

"后来，我又加入《快钱》（Fast Money）节目组，同样，当时收看的人并不多。在收视率不高的时候我走进节目,此后,我又加入福克斯的 TheStreet.com 秀,那时,它还不是一个像今天一样拥有一百万观众的《买空卖空》(Bulls and Bears)节目。

"以上这些我都只做了一年,我离开后,它们一个个都做大做强了。"他说,语气中透出他特有的谦逊。

作为一名商业记者,赫伯获得的回报一度也很可观。在他为 TheStreet.com 做专栏作家时,公司授予他股票期权。

但身为记者,他不愿卖掉公司股票。

他说:"如果我在股价飞涨时出手,就必须提交公开文件,如此一来,我的持股情况一目了然,每个人都能看到我卖了多少,赚了多少。对一个记者来说,那会被看做是极大一笔收入,所以自然会引来某些人的震惊、愤慨。或许还会有人不怀好意地将它写入某个专栏。如果你是记者,但又薪水不菲,很多人都会投来质疑的眼神。"

但如果一切还能重来,他很可能早就卖掉了手上的股票。一次次等待之后,赫伯估计,他的股票已经缩水 25% 到 30%,这就意味着他已经损失了不少。

"我知道在没有卖掉股票这件事上,我不应责怪任何人。"

这的确是代价高昂的错误,但还不能算做他最有价值的错误。对赫伯而言,一生中最有价值的错误出现在他为《旧金山纪事报》(San Francisco Chronicle)、《芝加哥论坛报》(Chicago Tribune)、《华尔街日报》、TheStreet.com、市场观察网和《财富》杂志供稿以前。那次错误开启了他的商业新闻事业,也为他后来合作创办投资研究公司——格林伯格梅瑞茨研究分析公司

（GreenBergMeritz Research & Analytics）奠定了宝贵的基础。

毫无疑问，他曾多次为一些公司和组织亮起红灯，但你不会在任何一本书中读到这些内容。

"我绝不写书。"

是，赫伯，我知道，我知道。但你的确应该写一本。

口述实录

赫伯·格林伯格最有价值的错误

1975年，我离开工作了一年的位于佛罗里达的一家日报社，前往纳什维尔（Nashville）的一个商业出版社工作。一年后，我又想回到日报社，到拥有多家美国日报的奈特里德公司（Knight Ridder）工作。

在《迈阿密先驱报》（*Miami Herald*）的资助下，我又回到学校学习，学习结束后来到奈特里德公司。紧接着是一轮又一轮的面试，其中一次是参加《底特律自由报》（*Detroit Free Press*）的面试。要知道，那个时候得到这一面试机会就像今天要到《纽约时报》参加面试一样令人欣喜。或许它们的级别并不完全相同，但《底特律自由报》确实是当时全国最有名的报社之一。那里有美国最知名的编辑和工作人员，其地位与《费城问询报》（*Philadelphia Enquirer*）和《迈阿密先驱报》不相上下。

我满心欢喜地乘飞机前去面试，但结果却糟透了。天时

第四部分　个性名人

地利我都不具备，我就不该出现在那天的面试间。如果当时参加的是商务记者面试，或许还有成功的可能。但无论如何，我想，缺乏经验是面试失败的罪魁祸首。

他们问了好几个问题，后来我才意识到我的回答很烂。

⚠　**总编走过来问我"你最大的优点是什么？"我回答说"可靠。"**

"我的狗也很可靠。"他冲我大喊了一句。

在我回答"可靠"的那一刻，我知道自己死定了。当他说"我的狗也很可靠"的时候，我告诉自己这次机会我永远地失去了。

紧接着，我被安排在新闻编辑室外等消息，在那里一坐就是几个小时。我感觉自己就像一个十足的傻瓜，因为我还没有学会"打有准备的仗"。等了很久我才意识到，或许我就不该参加那天的面试。后来，我碰到了执行主编——那个时候，我的自信心已大受打击。我多么希望那天没有出现在面试间呀，总之，我搞砸了面试。

飞回纳什维尔后的一两周内我都没有接到任何消息。于是，我主动给他们的新闻主编打了电话，他的话就像一把尖刀一样刺在了我的心上："说实话，我们觉得应该找个更好的记者过来。"

这次面试成了我的工作动力，我发誓一定要"报仇雪恨"，最好的报复就是让他们后悔当初没有聘用我。

254

第二十八章 赫伯·格林伯格

此后不久,我又到奈特里德的另一家报社——《圣保罗先锋报》(*St. Paul Pioneer Press*)参加面试。这一次,我坐在了商务记者的面试桌前。记得吗——那个时候,商业新闻仍排在体育新闻后面。当时,我有一头浓密的黑发——从外表上看,一点儿也不像明尼苏达的商业记者。

我走进面试间,一一回答他们的问题,但仍然没有等到消息。无奈之下,我只好纠缠他们的商务主编(此后,我们成了很好的朋友)。一次次软磨硬泡,终于,他答应我来上班。

从商业新闻的角度讲,圣保罗(St. Paul)就是一个微型芝加哥,它是起步创业的绝佳场所,那时商业新闻已渐渐独立出来。我的任务是负责报道零售市场、食品公司、航空公司等的发展状况。我记得我当时去过的地方包括达顿赫德逊(Dayton Hudson),也就是今天的塔吉特百货(Target)、皮尔斯伯(Pillsbury)、通用磨坊(General Mills),还有我最心动的3M公司(西北航空和中北航空,当时中北还只是一个地区性小型运营商)。

这些经历千金难买,更难得的是,我在圣保罗邂逅了我现在的妻子。

⚠ 紧接着,我开始在报纸上读到自己的新闻报道,它们还常常出现在奈特里德的新闻专线上,后来我的报道又登上了《底特律自由报》和全国其他许多报纸。那一刻,我终于感觉洗刷了当年的耻辱。

此后，我被克莱恩（Crain）的《芝加哥商报》（Chicago Business）聘走，之后又来到《芝加哥论坛报》，再后来我成了该报驻纽约金融记者。之后，我又在《旧金山纪事报》做了十年商业专栏作家，在《财富》杂志做了五年兼职专栏作家，同时也常向 CNBC 投稿。在 TheStreet.com 成立初期，我也负责过它们的专栏，后来，又为市场观察网撰稿。几年来,《华尔街日报》一直都有我的周日专栏，再后来，我就有了自己的投资分析公司。

⚠ **所以，可以说我人生中最有价值的错误就是搞砸了那次面试，没有被《底特律自由报》成功聘用。**

说它是错误，是因为我没有为当天的面试做好充分准备，对当时毫无经验的我来说，要应聘的岗位让我有些难以应付，而且我回答面试问题的特点——缺乏自信也是错误所在。

提问：如果当时听从直觉，你认为直觉会告诉你参加面试还是放弃面试？

嗯，问得好。因为如果一切还可以重来，我一定不会参加那天的面试；但另一方面，面试又是整个过程的一部分。如果没有犯那样的愚蠢错误，就不会有反省，有进步，也不会珍惜此后的机会。所以，有时你必须走出去，参加那样的面试，说出那样的蠢话，才有可能在以后做得更好。

提问：在圣保罗的那次面试中，你在哪些方面和以前相比有了进步？

从底特律的面试中我懂得了自信的重要性，我知道，如果没有自信，就不会得到工作机会。不能让面试官认为你是个懦夫，也不应该提心吊胆，总感觉自己技不如人；相反，你必须让他们看到你的自信，并为你的表现和潜力喝彩。

那个时候，我还在最初的学习阶段，还远远不是一个一针见血、敏锐老练的商业记者。今天，人们总抱怨我问题太多，我想这是他们送给我的最高评价。

"可靠，是吧？"

赫伯·格林伯格相关介绍

赫伯·格林伯格是资深商业记者，尤其善于为已经出现问题的公司亮起危险信号并提出中肯建议。在合作创办格林伯格梅瑞茨研究分析公司前，他为《华尔街日报》撰写"周末投资者"专栏。同时，他也是市场调查网（MarketWatch.com）资深专栏作家，他的博客在美国有大批访问者。赫伯也曾为《财富》杂志、TheStreet.com、《旧金山纪事报》写过专栏，并在《芝加哥论坛报》做过驻纽约金融记者。20世纪80年代后期，赫伯曾在一家套利公司做过一年分析师。哈佛大学的一项研究数据表明，赫伯是唯一一位在证券交易委员会（Securities and Exchange Commission）深入调查某些公司的财务问题前多次就其财务问题做过新闻报道的记者。在创办格林伯格梅瑞茨公司前，赫伯常

第四部分 个性名人

为CNBC供稿,并多次被邀请参加各种电视节目,如《快钱》、《疯钱》等。赫伯出生于佛罗里达的迈阿密市,并在迈阿密大学获得新闻学硕士学位。

第二十九章

阿瑟·拉弗

入选《时代》杂志"20世纪最伟大的人"
里根总统经济政策顾问委员会成员
以"拉弗曲线"著称,供应学派代表人物

不管走到哪里,阿瑟·拉弗(Arthur Laffer)总能掀起轩然大波——而且他总是面带微笑。我见到他的那一天,他刚刚在微软全国有线广播电视公司(MSNBC)做完节目——他参与的节目当然是和经济、政治有关了。

他开心地告诉我:"我想,我在节目中讲到的并不是他们想听的。"他笑了起来,"他们希望我狠批克林顿,但我的做法恰恰相反,我支持了克林顿。"

他的确这样做了,这在共和党人中间引起了轩然大波,因为在很多共和党人看来,阿瑟·拉弗和他们同处一条战线。毕竟,他帮助完成了第十三号提案,20世纪70年代后期,难道他没有积极参与旨在降低财产税的加州宪法修正案吗?

难道不是他让更多人了解了拉弗曲线和供应学派吗?该学派认为减少联邦税收将刺激经济增长,增加联邦财政收入。罗纳德·里根总统是这一理论的积极支持者,难道前总统里根没有在20世纪80年代早期为大多数美国人和美国企业大幅减税吗?难道他不是里根总统的经济顾问吗?

是,就是他。那他怎么会支持克林顿?"首先,"他说,"克林顿减少政府开支,让我们开始有了盈余,而且他削减了资本利得税。"

当然,拉弗对克林顿的支持可能和克林顿的对手乔治·H.W.布什有关。我们只能说美国第41任总统布什不是一个"拉弗迷"了,他曾把供应派理论称为"巫术经济学"。还需要告诉你拉弗1992年将选票投给了谁吗?他说四年前他就将选票投给了克林顿。

但阿瑟·拉弗并没有完全偏离共和党。他是奥巴马医疗保健计划公众选择提案,即政府出资的医疗保险计划的早期强烈反对者,例如,CNN播出了他这样一段评论:"如果你喜欢邮局和机动车辆管理局,并认为它们当前运营顺利,那就再等等看,等政府的医疗保险计划和医疗补助计划实施后再来看它们的发展状况如何。""这将为共和党选区提供很好的攻击理由,不是吗?"

如此评论或许有理,但阿瑟·拉弗并不表现出某一特定政治倾向。尽管他可能在共和党政府任过职,但他的身份更多的是一名经济学家而非政客。他的教育背景和经济学密切相关,拉弗在耶鲁大学取得经济学学士学位,后又在斯坦福大学获得经济学硕士和博士学位。迄今为止,他已在三所大学任过教——在芝加哥大学、南加利福尼亚大学和佩伯代因大学(Pepperdine University)。1974年,阿瑟·拉弗因提出"拉弗曲线"而被《时代》杂志评为"20世纪最伟大的人"。所以,他是一个极具独立思考能力的人,尤其在经济学方面。

当前,他认为单一税制是美国应该选择的正确方向。他说:"我支持单一税制。"他认为对个人和企业而言,这一新方向最后可能定格在13%左右。他的合作者和支持者是目前正在竞选加州州长的加州司法部长杰瑞·布朗(Jerry Brown)。

这又将引起轩然大波。

令人惊讶的是,像阿瑟·拉弗这样出类拔萃的优秀人物在他的职业生涯中也做过傻事、犯过错。他讲起了他和另一位家喻户晓的大人物米尔顿·弗里德曼(Milton Friedman)在他们的职业生涯早期共同做过的错事。

口述实录

阿瑟·拉弗最有价值的错误

1968年,我来到芝加哥大学教书。我是毕业于斯坦福大学的高材生,至少我自己这样认为。

当时有一个货币工作坊,米尔顿·弗里德曼说他想做美元和英镑的投机生意,但那个时候在美国做货币投机是非法的。

国际贸易是我的专长,此前,我读过玛格丽特·迈耶斯

第四部分　个性名人

（Margaret Meyers）的《纽约货币市场》（*The New York Money Market*），这是一部三卷本的作品，分析了金融市场和期货市场是怎样从货币市场和商品市场发展而来的。

⚠ **我告诉米尔顿，从政治的角度操作也可以。但如果真要投机，就应该通过商品实现。**

你可以用打算卖空的货币购买食糖期货（通过期货合同，预计食糖价格走高），再用你希望升值的货币卖掉食糖期货。因此，在商品上你取得零利润，你所做的就是卖空一种货币，买进另一货币。

（注：你可以预计食糖价格会走高或下跌，但当时对我们来说，两种趋势都没有太大影响，因为在这一交易上我们两头同赌，所以那些合同能够相互抵消。如果一份食糖合同价格上扬，另一合同中的价格会等量下跌。）

但你购买和卖掉的货币会发生变化，所以，你通过购买食糖花掉你认为会一路走低的货币。（你拿出兜里的钱，用它来为你的合同付账。）此后，你又通过出售食糖获得你想拥有的货币。（卖掉食糖后，你会获得另一种货币。）合同期满后，你口袋里会有更多你希望拥有的货币。你的想法是，你装进口袋里的货币比你拿出来购买食糖的货币更值钱。

当然，所有这一切都忽略了签订这些合同的任何成本，或忽略了购买这一货币的成本。

我学过国际贸易——那是我的专业——我向米尔顿做出

第二十九章 阿瑟·拉弗

解释。米尔顿说:"不,不,阿瑟,你错了,情况不是这样的。"

所以,那个晚上,我接到了这样的电话:"你好,阿瑟,我是米尔顿,你能把整个情况再说一遍吗?"

我回答说:"好的,如果你想卖空英镑,买进德国马克,你要做的就是用英镑购买食糖期货,这就是说,你购买食糖,卖掉英镑,再用马克出售食糖。卖掉食糖就能得到马克。这样,你就卖空了英镑,买进了马克,这就是你要做的。"

他觉得这个想法不错,于是我开始着手实施。

事实上,有两个地方出了问题。首先,德国当时没有一个成熟的货币市场,没有用德国马克交易的类似于食糖的商品。所以,我们无法用马克来操作。

我不得不用英镑而不是德国马克。因此,我使用了英镑和美元。

最后,我用英镑卖掉食糖期货,用美元买进食糖期货。(注:在这种情形下,我们赌英镑会走高而美元会下跌。)

⚠ **经纪人认为我傻透了,他说:"你看,你要卖掉食糖期货,又要买进食糖期货,对吗?"我告诉他,"没错。"他说,这是他听说过的最荒唐的事。**

我和米尔顿就做了这样的蠢事,米尔顿投了钱,我也一样。

另一个错误在于:德国马克重新估值,它对英镑和美元没有影响。我们忽视了这一点,但这样的事情时有发生。我想,至少我们没有损失金钱,因为我们的买卖是平衡的。

突然有一天，我接到追缴保证金的电话。为什么？买入卖出的吨位完全相同，不应该有问题呀！经纪人说："不知为何，我们需要追加保证金。"我越听越糊涂。

原来，我们犯了非常愚蠢的商业错误：英国的合同，英镑合同是以英国吨位计算的，而美国合同是以美国吨位计算的。

⚠ 在美国，一吨是2000磅，但在英国一吨就变成了2240磅，因为拥有非常可观的净持仓量，我输得精光，米尔顿也不例外。

当时我还只是一名助理教授，所以投进去的钱数并不大，但你能想象到我给米尔顿解释自己所犯错误时的尴尬吗？

提问：所以，教训是什么？

两方面。首先，应该更仔细，多了解范例；其次，应该更谦虚，找到一位真正有经验的经纪人！

阿瑟·拉弗相关介绍

阿瑟·拉弗是拉弗经济顾问公司（Laffer Associates）和拉弗投资公司（Laffer Investments）创始人兼董事长。拉弗经济顾问公司是一家经济研究咨询公司，其研究重点为宏观经济、政治和人口变化对全球金融市场的影响。拉弗投资公司是一家应用多种投资策略的机构投资管理公司，其投资策略充分体现了拉弗博士提出的经济原理、经济模式及公司投资组合管理小组研究的独特方法。两家公司都旨在为不同客户群体，如大机构、养老基金、公司、捐赠基金、基金会、个人或其他组织提供研究和投资管理服务。

拉弗博士在经济学领域具有敏锐的视角和非凡的专业影响力。20世纪80年代，他的理论引发了全球范围的减税运动，他也因此被很多出版物称为"供应经济学之父"。第13号提案以及1978年拉弗积极参与通过的具有开创性的、大幅降低财产税的加州法案都是他在公共政策制定方面取得的早期成果。

多年的工作经验和多次为政府高级领导人提供的经济发展良策也使拉弗博士成为了商业圈里公认的实力派名人。目前，他还是数家上市公司董事会成员，这些公司包括 MPS 集团公司和 OXGN 公司。同时，他也是多家非上市公司董事会或顾问委员会成员，如阿尔法理论投资管理公司（Alpha Theory）、阿威达投资顾问公司（Atrevida Partners）、生活影像（LifePics）、音乐达人（BAP Power）、布里奇医疗公司（BridgeHealth Medical）、方块投资公司（F-Squared Investments）、赫爱知医疗公司（HealthEdge Partners）、尼古拉斯·艾伯机构基金（Nicholas Applegate Institutional Funds）、支柱数据系统公司（Pillar Data Systems）和退休资本集团（Retirement Capital Group）。

在里根总统1981—1989年的两届任期里，拉弗博士都是他的经济顾问委员会成员。1984年，他进入里根财务委员会下设的执行委员会，该委员会是为总统竞选而专门设立的。20世纪80年代，拉弗也为英国首相玛格丽特·撒切尔（Margaret Thatcher）

的财政政策提供了多项建设性意见。

此前,拉弗博士是佩伯代因大学杰出教授,同时也是该大学董事会成员。1976—1984年,拉弗博士在南加利福尼亚大学教授企业经济学,并被评选为"杰出贡献教授"。1970—1976年,拉弗是芝加哥大学企业经济学副教授,从1967年来到该校,拉弗博士在那里一共度过了九个春秋。

1972—1977年,他先后担任财政部长威廉·西蒙(Willam Simon)、乔治·舒尔茨(George Shultz)和国防部长拉姆斯菲尔德(Donald Rumsfeld)的顾问。他是第一个获得美国政府管理预算局(Office of Management and Budget)首席经济学家殊荣的人。

拉弗博士因在经济学领域取得非凡成就而闻名于世。1999年3月29日,《时代》杂志的封面故事讲述了拉弗博士在经济学领域取得的累累硕果,并因"拉弗曲线"而誉其为"本世纪最伟大的人",文章认为他的经济学理论是"推动本世纪向前迈进的最大贡献之一"。1990年1月1日,《洛杉矶时报》(Los Angeles Times)评价他为"改变'80年代'历史的人"。早在1989年6月23日,拉弗博士就被《华尔街日报》誉为"对日常商务最具影响力的人物"。1992年7月,《机构投资人》杂志在其25周年纪念特刊《善、恶、成、败和其他值得回顾的事件》中将拉弗博士提出的"拉弗曲线"列入了金融史上"最值得回顾的事件"之一。

拉弗先生在经济学领域独树一帜、贡献突出。《财务分析师杂志》(Financial Analyst Journal)上有他发表的多篇开创性专题文章,他也因此两次获得金融分析师联合会(Financial

Analyst Federation）颁发的"格雷厄姆和多德奖（*Graham and Dodd Awards*）";另外,他也是全国投资俱乐部协会（National Association of Investment Clubs）颁发的"杰出服务奖"的获得者。拉弗博士在《国家财富》杂志（*The Wealth of Nations*）上首次发表的对自由市场经济极富洞见的文章为他赢得了亚当·斯密奖（Adam Smith Award）;此外,他杰出的公共演说才能也获得了国际演说协会（International Platform Association）的认可,并获得该组织颁发的丹尼尔·韦伯斯特奖（Daniel Webster Award）。1983年,拉弗博士还获得西海岸父亲节委员会颁发的"年度父亲奖"。

1963年,拉弗在耶鲁大学获得经济学学士学位,后又于1965和1972年在斯坦福大学获得经济学硕士和博士学位。

如果您有兴趣了解更多有关拉弗生平和社会贡献的内容,可以登录网站 www.time.com/time/magazine/article/0,9171,990633-5,00.html#ixzzoeZukslG4。

第三十章

戴夫·拉姆齐

广播节目《戴夫·拉姆齐秀》的主持人
2009 年马可尼奖（Marconi Award）的获得者
金融和平大学的创办者

走进戴夫·拉姆齐（Dave Ramsey）的办公楼时，一股烤酥饼的诱人香味扑鼻而来。

从外表看，这栋楼原可能是一个法律事务所或注册会计师总部，它的左边是一个不大的书店。

店里陈列着戴夫·拉姆齐出版的所有著作，还有他鼓舞人心的 DVD、教人们如何理财的图版游戏，以及其他作者推荐的有关理财的优秀作品。书店墙上的纯平电视里正在播出戴夫的演讲，他在教人们如何从失败的理财经历中吸取教训、步步为营，为自己的财富负起责任。

"需要些什么？"柜台后的女士问道，"我刚烤了小酥饼，来

第四部分　个性名人

一块巧克力的吧？"我记得，她长得很像电视剧《完美主妇》里的琼·克莉弗（June Cleaver），但想想，这也可能是我的思绪已经飘回了过去，希望她看上去就是比弗的母亲。这和戴夫·拉姆齐的人生故事有关，他白手起家，在田纳西的安蒂奥克（Antioch）艰辛创业。为帮助更多人摆脱债务纠缠，重拾生活信心，戴夫决心埋头苦干。

有人带我走进他的办公室，他说："我想，我所做的就是鼓励人们不要放弃努力，相信我，小人物也有出头之日。"

没错。华尔街的金融专家们一般会给出高深玄妙的投资公式，会提及杠杆作用、风险评估，也会许诺为你带来源源不断的金融财富。但我们都清楚这些诺言能否兑现，所以让我们暂时忘掉华尔街。戴夫·拉姆齐的故事是千千万万普通美国人为梦想而奋斗的真实写照。

"美国是神圣资本主义——有道德的资本主义——仍然存在的唯一一个国家，我们的体制是小人物能够获得不断进步、上升机会的唯一体制。所以可以说，其他方法和其他经济思想无法将普通人从社会底层托起，能让人们不断上升的是机会，有了机会人们才能决定抓住它，利用它。"

戴夫独特的人生理念和理财哲学一开始就吸引上百万人对他的课程产生了浓厚兴趣，课程内容包括应对个人理财失误、掌控财政、调整心态、冷静应对债权人的纠缠等。以上所有内容戴夫似乎都很在行。

有时，我会告诉自己：我再也不会投资了，再也

第三十章 戴夫·拉姆齐

不想受制于某一个银行家了,美国运通(American Express)再也不会打电话到家里,问我妻子为什么能和一个付不起账的家伙生活那么久。我再不会愚蠢地受此大辱了,再也不会了。

很多人可能都经历过这样的时刻,戴夫·拉姆齐的故事因为真实而吸引着上百万的读者、观众和听众(他主持的广播节目已有17年的历史)。

他的故事教我们如何从错误中最大程度地发掘有益于自己的东西,但经历这一切的过程无疑却是痛苦的。他说:

> 痛苦是一位异常严厉的老师,你不会忘记他。痛苦越深,教训越深。显然,错误是我们人生故事的奠基石,每个人都有故事,正是这些故事让我们和读者、听众、观众的心贴得更近。

这位来自田纳西中部的男孩成功了,他登上了事业的巅峰,但他经常挂在嘴边的一句话却是:"我也犯过傻,做过蠢事,也因此而一文不名,我知道那是一种什么样的感受。"

除了与众不同的理财诀窍外,他的众多其他成就也再一次证明他不是一个碌碌无为的普通人。他告诉人们如何理顺自己的财务生活,不断积累财富;同时,他也在此基础上打造了庞大的自助业务。现在,他拥有自己的广播节目、有线电视秀节目、书籍、DVD、演讲和讲座。戴夫两度成为百万富翁,第一次因失误而损失殆尽,第二次他学会如何留住财富。他告诉我,一直以来,他都是一个从不说"不"的人,在困难面前他会奋力拼搏,这种坚韧和不服输的精神帮助他开创了庞大的业务帝国。

"我接触过世界各地的成功人士,"他说,"有运动员、艺术家、政府高官、影视名人。在我们看来,这些人的成功之路似乎是从A到B的一条直线,直通顶峰,但事实并非如此。他们的人生之路绝非一帆风顺,失误、挫折、烦闷、碰壁常常造访;前行的道路上,他们总在吸取教训、调整着方向。"

戴夫·拉姆齐的故事就是求教于错误的最好例证,他的事业也正是从曾经犯过的最大错误上起步的。

"没有曾经的错误,就没有现在的我们。多年后我们会发现,熠熠生辉的成功之峰看上去更像是高高堆起的垃圾山。我们所要做的就是登上它,占据顶峰,而不是被它掩埋,这就是成功和失败的唯一区别。但不可否认,这一人皆向往的成功之巅正是建立在一系列错误基础上的。我们的管理方式——其核心价值就是——牢记我们曾经犯过的错误,冷静思考,确保不会重蹈覆辙。"

口述实录

戴夫·拉姆齐最有价值的错误

22岁时,我白手起家,开始走上创业之路。当时,我已经大学毕业,组建了家庭。我从房地产生意开始,并渐渐富裕起来——至少在一个田纳西州安蒂奥克的孩子看来,我们已经过上了富裕

第三十章 戴夫·拉姆齐

的生活。那年,我进账 400 万美元,自己净赚 100 万美元。

良好的开端让我继续高效率全速前进,因为在数学方面天资聪颖,我曾成功借到很多钱。继续利用这种优势,加之自己不轻易认输的性格和非同一般的口才,几次投资下来,我们竟欠下了一屁股债。那个时候和前些年一样,银行家把大把的钱投在了华尔街。(这一情形一直从 1984 年延续到了 1986 年。)

利率很高,但在慢慢下降;固定利率从 17% 降到了 11% 或 12%,房地产市场表现良好。我开上车,衣着整洁地来到银行,向他们炫耀曾经完成的交易,并成功说服他们贷款给我。如果那天接待我的银行工作人员拒绝了我,我也绝不会就此罢手,每个柜台都有人,我可以再找别人。

我在全城的每家银行都有一定信贷额度,而且这一切都是通过正当程序获得的。但这的确听来很可笑,一个 26 岁的年轻人竟能欠下 300 万美元的债务,而导致这一恶果的原因仅仅是因为他的父亲曾做过房地产生意,他自己有过几年房地产从业经验,而且赚到过一些钱……因为我的愚蠢、自负,很快家里积满了银行卡。

此外,家里还有很多 90 天的期票,我们一直在"买,补,翻",这引起了银行的注意。我们的长期抵押贷款不多,我记得,当时我们手中有长期抵押贷款的房子不到 100 套。

里根总统上台后对税法做出调整,紧接着出现了存贷款危机,其影响很快蔓延,当初我去办理业务的银行没多久就被其他银行兼并——这是我第一次看到一个田纳西银行被没有在田纳西注册的银行兼并。我们第一次看到,在 500 英里外的

第四部分 个性名人

其他城市由一个规模更大的银行开始负责我们曾经办理过的业务。

查过业务单后,他们说:"有个 26 岁的小伙子欠我们几百万美元,到底怎么回事?"他们决定采取行动,我就是那个即将被利斧砍掉的小树枝。

他们留给我 90~100 天的时间来凑齐几百万美元,但对房地产业来说,这么短的时间几乎很难见效。如果时间充足,比如两年多,我们就能卖掉房子,还上银行贷款,不仅如此,可能还会轻轻松松地赚一笔。

但自负让我陷入了难堪的窘境。

没有更好的解决办法——我只能默默承受。

1986 年,清贷开始了。在接下来的两年里,我们调整售卖策略,东拼西凑,希望能通过一些补救措施还上银行贷款。有一年,我的收入是 25 万美元,但接下来的那一年,税后所得竟锐减到了 6000 美元。

我绞尽脑汁,千方百计地弥补损失,但两年半后,我们的资产还是从 300 万美元暴跌到了 40 万美元。那个时候,我们已经被告上法庭,周五一大早,他们甚至搬走了家里的家具(他们断定我们无力偿还,所以卷走了所有可能用来抵债的东西)。在其中一桩诉讼案中,我们只欠两万美元,而我的家具可能仅值 1500 美元,但这个时候我已经心力交瘁,无计可施。我已经尽了最大努力。

为了躲避债主周五(1988 年 9 月 23 日)新一轮的纠缠,周四下午我们申请破产,这就是最终结果。你从高崖上跌落,

第三十章 戴夫·拉姆齐

摔得粉身碎骨。

就这样,26 岁的百万富翁在 28 岁时已一文不名。

我多想告诉你,我很快恢复了平静,但我没有。很长一段时间里,我都牢骚满腹,怨这怨那。我总认为这是别人惹的祸,是银行的错,是国税局的错,是国会调整税收政策的错。除自己外,我认为他们都有错,但或许我本人该为这一切负起责任。

显然,我是个大笨蛋,但一段时间后我才认识到这个非常令人不愉快的事实。我经历了情感和精神上的双重折磨,我告诉自己:"是我让我的家庭走到了危险的边缘,我的决定注定了最后的恶果。"

这个时候,你很可能会说,"我放弃,我再也不会做这样的傻事了。"

一段时间过去了。我开始仔细考查资金的运作方式,显然,我的计划以失败告终,为什么会是这样的结果?

多次咨询、谈话后我终于发现规律,我渐渐懂得,一些投资共性不容忽视。而这些共性往往是投资者需要牢记于心的常识,除此之外,没有其他不为人知的投资秘诀。

我们的发现之一是——负债是很愚蠢的事。尽管你可以给出各种高深莫测的数学公式,列举这样那样的复杂理论,但你会看到沃伦·巴菲特不喜欢债务,他说债务是致富的头号障碍,他的话你不得不听。

我看到大多富人都像躲避瘟疫一样远远躲开债务,为什

第四部分　个性名人

么他们能远离债务而中产阶级却不能呢？中产阶级永远都是中产阶级，我看到了这种趋势。如果你想瘦得皮包骨头，看看皮包骨头的人每天做些什么，照着它们去做，你的目标很快就会实现；想成为富翁，就要学习富翁的做事方式。这听起来很简单。

再看看美国历史上功成名就的伟大企业家，他们一样不喜欢债务。这就是他们能够在事业上大有作为的原因之一，因为他们避开了风险；他们的财富积累完全掌控在自己手上。但当你的收入掌握在他人手中时，财富也会渐渐离你而去。

所以，我们开始在生活中避开债务，设法东山再起。避开债务就等于避开痛苦，我和妻子莎伦慢慢恢复了往日的生活。

此后，我开始在一个周末班讲授如何理财。我还记得，一段时间里我们教堂的管理人员面临着抵押品赎回权被取消的危险，一位焦虑不安的牧师找到我，说他不知该如何是好——牧师们通常并不擅长理财。

他打电话给我，我们约好见面，我为他们做了预算和新一年的财政计划，帮助他们避开了风险，我自己则通过讲演和授课开辟了新的事业。

> ⚠ 后来，我以特邀嘉宾的身份参与了一个广播节目，不久节目主持人辞职，我说服电台不收取任何酬劳接替他继续主持那档节目。

提问：你后来有没有再做房地产，如果有，你的策略是否有

第三十章 戴夫·拉姆齐

所改变?

有,我别无选择。两个孩子需要我来养,我不知道自己还能做些什么,房地产是我最熟悉的领域。要么干体力活,要么从事房地产,我只能选择其一。

我会四处挖到一些很划算的房子,再找到原来的竞争对手,设法把丧失抵押品赎回权的房子卖给他们。尽管没有贷款,但我知道如何凑到足够的资金,我比任何人都卖力。

债务事件过后我信心全无,总感觉自己一事无成。为了养活孩子和维持家庭日常开支,我不敢尝试任何其他工作,也不知道自己还能做些什么。所以,只好在房地产业继续拼命奔波。

短时间的拼命对我们是一种磨炼,但长此以往,人一定会被彻底击垮。

提问:除帮助教堂的人外,你还采取了哪些扩大业务的办法?

我们收购了几个节目,并开始丰富节目内容。我的工作主要是接听来电,为投资失败的人们提供理财建议和方法。

提问:你是怎样学习积累,从容应对听众的各种问题的?

我从房地产起家,购买和出售取消抵押品赎回权的房子,所以我对止赎房产交易了如指掌。而且我自己就曾因无力偿还贷款而被放贷机构收回房产。我也有过破产的亲身经历,也曾被告上法庭,所以对这一切并不陌生。我了解银行,熟悉止

第四部分　个性名人

赎权房产交易，懂法律，也回购房产，而且赚了钱。近十年来，无数小时的投入、无数次交易都帮我积累了丰富经验。从来电的听众那里我也能获取更多信息。

> ⚠ 你知道，我也是过来人，这让我积累了大量一手资料。我为听众们提供建议，更重要的是，我自己也在亲身实践着这些建议。

一天天，一年年，很多变化发生了。但谢天谢地，我们不单单只是一个广播脱口秀节目，否则就很难积累如此丰富的专业技能。在我们的办公楼里，每个人每天都从事着这样的工作。在全国范围内，我们培训过四五千名顾问、咨询师，他们在自己从业的多个领域为我们源源不断地提供最新信息，所以，我们才能为听众提出的各种问题做出最快最准的诊断。

戴夫·拉姆齐相关介绍

戴夫·拉姆齐是个人理财专家，同时他也是美国知名度很高的广播节目主持人。他的作品《资金运转手册》(*The Total Money Makeover*)、《财政和平》(*Financial Peace*)、《绰绰有余》(*More Than Enough*) 等畅销市场。他还是福克斯商业新闻网《拉姆齐秀》广播节目主持人。曾经的亲身经历让拉姆齐有了财政和平的第一手资料，他是白手起家，自主创业的最佳典范。26 岁那年，成功的房地产交易为拉姆齐带来了 400 万美元的家产，但不到 30 岁，这些财富又不翼而飞，此后他又一次白手起家，积累了令人羡慕的人生财富。现在，他把所有时间都投入到帮助普通人摆脱理财窘境，提供建议，鼓励他们重新理顺财务生活的工作当中。有了他的建议和规划，很多人摆脱了债务和信贷的纠缠，学会了预算，避免了破产，并重新走上致富道路。

戴夫·拉姆齐创立了蓝莆集团（Lampo Group），这是一家通过多种手段为客户提供财政咨询的公司。目前，已有一百多万家庭从财政和平大学（Financial Peace University）毕业，成功走出债务危机；参加过戴夫·拉姆齐现场讲座、咨询的人数高达 65 万。拉姆齐还创办了小拉姆齐课堂，旨在为父母提供子女理财教育。拉姆齐还积极参加各种校园和理财基金会活动，在美国 50 个州的 5000 多所学校里，以及高中生"财务规划和避免债务"基金会活动中常能看到拉姆齐的身影。拉姆齐的报纸专栏"拉姆齐如是说"每周都会吸引近 500 万读者。广播节目"拉姆齐秀"同时在全国 450 多个电台播出，每周听众多达 450 万，福克斯商业新闻网的"拉姆齐秀"节目首播于 2007 年 10 月 15 日。

结 论

如果你阅读了书中部分或全部的人物介绍，我希望它们能给你我留下一样深刻的印象。当我在采访中得知这些备受尊敬的商界领导人也同样犯过错时，我也不再将自己看做一个失败者。有趣的是，他们的错误、失败竟让我从内心深处对他们更多了一份敬意。原来，他们的职业道路远非我想象得那样一帆风顺，和任何其他人一样，这条路上也布满荆棘。尽管如此，他们无所畏惧，迎难而上，勇敢登攀一个又一个事业巅峰。更值得一提的是，他们的成功往往离不开这些人们避之唯恐不及的路障。

很多商界领导人都是非常出色的经理人，可以说，他们的成绩部分归功于他们非凡的管理错误的能力。球员出身并获得过海斯曼奖的商界人士约翰·卡佩莱蒂告诉我"杰出的经理人每天都在解决问题"。问题总会源源不断，有他们自己酿成的问题，也有员工和市场带来的问题。思考、解决问题是他们生活中不可或缺的组成部分，在克服困难，解决问题，充分实现人生价值的过程中，他们很可能会遭遇中止其事业前行的可怕错误。

结　论

　　这个时候，化险为夷的最佳途径就是改变认识。错误带来变化，变化却有好有坏。糟糕的错误很可能是那些我们不愿提起、想要永远忘却的错误；有价值的错误则是能够积极影响我们人生和事业的错误。正如靠自身努力打造了成功事业的亿万富翁R.J. 柯克讲过的："你无法从成功中获得反馈。"本书中我们看到，很多错误在我们多年后回头再看时，竟发现它们正是我们职业和生活的转折点。

　　错误改变职业道路。马克·库班为自己在印第安纳布鲁明顿的酒吧老板身份沾沾自喜，但一次失误却让他出乎意料地成了计算机服务领域的著名企业家。长远来看，他的银行账户显然是最大受益者，达拉斯小牛队的球迷们自然也不例外。

　　克雷格网站的吉姆·巴克马斯特本想做一名医生，是啊，谁不想救死扶伤，因为精湛的专业技能而赢得全社会的尊重？但他选择了放弃，毅然退学，错误让他选择了更适合自己的职业道路。

　　太平洋投资管理公司的缔造人之一比尔·格罗斯曾迷上赌牌，但他后来成了风险评估专家，这一切在他管理自己的债券投资组合时派上了大用场。

　　错误推动创新。威廉·奥尼尔有着常人不可企及的选股能力，他对买入股票的时机把握极准，但一次失误促使他深入研究交易的第二个环节——何如卖出。由他首次提出的 CAN SLIM 投资策略至今仍受到大批股票投资者的追捧。为了提供更多相关信息，帮助投资者更好地实施 CAN SLIM 策略，他创办了《投资者商务日报》。

　　房地产经纪人芭芭拉·柯克兰有过两次失误——起先向《纽

约时报》公布了房屋均价,此后又公开房产室内录像。第一个错误让她成为了《纽约时报》房地产市场信息的主要来源——很快,她收集了整个纽约的房产信息,第二次错误则让她在营销中充分求助网络,将众多对手远远甩开。

错误造就机遇。看看传奇人物杰克·伯格,因为惠灵顿集团董事会成员拉帮结派,意见不合,他被踢出公司,丢掉了首席执行官的位子。但他并没有因此一蹶不振,而是开创了世界上第一个股票指数共同基金,伯格成了错误的受益者,他的公司——提供指数共同基金的先锋集团也获益颇丰。

《财富》杂志评选的"世纪经理"杰克·韦尔奇本以为自己一手酿成的大错(炸飞工厂屋顶)会导致被公司解雇的恶果。出乎意料的是,这一错误让他和一位上司建立了密切关系,而这位上司后来竟成了他事业平步青云的贵人。如果没有当年的错误,也就不会有这段被传为佳话的友谊。

错误迫使你加快发展。彼得·林奇曾在一只股票上赚了大钱,但同时他的错误在于出手过早,如果能耐心等待时日,回报会更加丰厚。从此,他开始悉心研究,找到了跟踪公司发展和股票价值的更好方法。

吉姆·克莱默和他的投资伙伴在经历了非常严重的投资失误后成长为更优秀的对冲基金经理人。他犯了错,及时纠正,挽救了公司。阿瑟·布兰克吸取教训,推动公司飞速发展,其业绩远远超出了华尔街的预期。

尽管一些错误可能带来积极结果,但还有**一些错误事实上并不能算做真正意义上的错误**。本书中,我们看到一些主人公的决

结　论

策常得不到他人支持，所有人都摇头、劝阻，而他们却能顶住压力，义无反顾。这时，我们不禁要问：难道他们当时对自己的决定有100%的把握吗？未必如此。

迈瑞迪斯·惠特尼决定远离华尔街，每个人都以为她丢了工作。但再次整装杀回的时候，她对银行股的准确预测惊动了整个华尔街。伊恩·布雷默决定放弃斯坦福大学教授的轻松工作，走上前途未卜的自主创业之路。现在，全世界都有他的员工，他们为华尔街的投资公司收集重要信息并提供分析报告。丹尼·魏格曼的商业决策让他的公司损失高达1200万美元，但在他看来，经济衰退时期做出这一决定是正确的。在整个美国，人们仍然会说魏格曼食品公司是最适宜工作的地方。

成功的商业领导人都会听从直觉。直觉指引他们做出让人意想不到的决定，书中的很多故事都可以印证这一点。采访中，我没有听到一个人说他们后悔听从了内心最真实的声音。苏茜·欧曼仅有一次违背了直觉，而这次错误让她损失近百万美元。因此，她强烈建议人们在商场和个人生活中听从自己内心最真实的声音。

斯蒂夫·福布斯对父亲的建议充耳不闻，坚持在学校发行商业杂志。阿里安娜·赫芬顿无视好友和同事的警告，执意创立网站HuffingtonPost.com。比尔·弗里斯特告别哈佛大学，听从内心最真实的声音来到西海岸，跟随心目中伟大的开拓者学习心脏移植。没有弗里斯特当初的大胆决定，就没有今天范德比尔特大学的器官移植中心。

但这并不意味着听从内心的声音无须付出任何代价。吉姆·

结 论

巴克马斯特从普通程序员到克雷格网站首席执行官的转变本可以为他带来巨额财富,但他却付出了10年的时间来验证自己是否做出了正确决定。

百胜集团首席执行官大卫·诺瓦克听从直觉,希望新产品快速上市,但因为忽视了特许经营商的建议,他被无情地推入险境。这次痛苦的经历过后,他调整了管理策略。今天,他仍然听从内心最真实的声音,但同时也会聆听他人的中肯建议。

想想错误能给一个人带来如此难以置信的变化和成就,我们很难相信它常被冠以很坏的名声,如果没有错误、失足,我们还会为书中这些商界巨子喝彩吗?

没有曾经的错误,戴夫·拉姆齐会赢得几百万人的信任吗?一个个美国家庭会向他寻求理财帮助吗?如果没有当初的耻辱,阿里安娜·赫芬顿会取得今天的成就吗?如果没有推出简单易行的投资策略,今天又有谁会听取彼得·林奇的投资建议呢?

本书中的很多主人公都是商界德高望重的风云人物,他们的人生故事很有借鉴意义,而我就不会得到如此广泛的关注,但采访中,他们自然也会问我:"鲍伯,你犯过的最大错误是什么?"这个故事我一直留到了最后。

这是另一个听从直觉的故事。没有人告诉你的是,听说直觉也要付出代价。

20世纪80年代晚期,我还生活在洛杉矶南湾,那时,我创建了一份体育报,旨在客观评价体育赛事并为读者提供自由讨论的平台。报纸名为《洛杉矶体育杂谈》(*L.A. Sports Rag*)。(Rag在这里一语双关,既指"批评某人",又指"分量不重,可能被忽视

结　论

的印刷出版物"。）这个想法非常不错，但后来在阿尔·戈尔（Al Gore）抽出时间创建同一类型的报纸时，我的劣势渐渐显现，投资最后以惨败告终。

没有钱，又丢了工作，我只好再次参加面试，后来在美林证券的布伦特伍德（Brentwood）分公司找到了一份做金融顾问（股票经纪人）的工作。一开始，有一个为期四个月的培训项目，前三周的培训在新泽西的普林斯顿培训总部进行。培训的最后一周，我发现原定送我们去证券交易所实地学习的计划有所改变，对此我气愤极了。如果没有机会走进证交所，我如何向潜在客户介绍股票交易情况呢？另外，20世纪80年代中期，我自己也常做股票期权交易，所以很想去证券交易所看看。

在公司几个同事的帮助下，我打完电话，安排好了去证交所的采访。我并不是唯一一个想去证交所的人——分公司的另一位女同事也打算一同前往。我们从普林斯顿坐火车来到纽约，紧接着又马不停蹄地赶往曼哈顿下城，来到著名的纽约证券交易所。我记得，要来这里就不得不逃掉一次课，那节课的内容是"陌生推销"，在接下来的周一早晨，我们必须通过这种方法给客户单上的潜在客户打电话，推销我们的理财策略，设法让客户按我们的（美林的）推荐进行投资。

我们兴奋极了，纽交所像拉斯维加斯一样灯火通明，虽然没有服务生送上免费的饮料，但身临其境的感觉仍让人激动万分。这里充满了活力，我遇到很多场内经纪人，并有机会和很多股票专家攀谈。同时，我还咨询了有关交易过程和交易账户的问题，从他们那里我开始懂得图表模式和技术交易趋势的重要性，没有它们，就很难为个人投资者或机构投资者把握最佳买入、卖出时机。这是多么难得的教育机会啊！显然，这要比打陌生推销电话有用得多，而这种冷推销的方式我已经在不同的推销岗位上实践了很多年。

乐极生悲，可怕的周一很快到来了。在我们正准备从普林斯顿收拾行李回公司时，我的同事在宾馆接到了分公司经理从洛杉矶打来的电话。他说我们擅自逃课来纽交所给整个公司抹了黑，在同事中造成很坏的影响，所以她被解雇了。他还让我的同事转告我也被解雇的消息。我想，我不能被一个同事解雇——难道老板不出现就可以解雇一个员工吗？——所以，当房间电话响起时，我故意没有去接。

一时间，谣言四起。有人说我们无视纪律、目中无人，还有人说我们逃课为了逍遥，回到公司后，我竟在公司娱乐中心的台球桌上看到了类似的文字。事实不是这样，但故事——尤其是下流、低俗的故事总能勾起一些人的兴趣。

周一早晨，我来到布伦特伍德的分公司，径直走向经理办公室。心想两天过去了，他一定也明白我们逃课的意图，现在他气也消了，估计谈笑间这件事也就过去了。但好运并没有降临。

他抬头问我："你来干什么？"

"工作。"我回答。

他挥手示意我："出去。"这就是我们的对话，没有我预想的友好的微笑。

我只好给当地的西尔森—莱曼·哈顿（Shearson-Lehman Hutton）分公司经理打电话，问他是否可以给我面试机会，让我

结　论

到他那里工作。他很难相信像美林这样的大证券公司竟会因此放弃一个已经接受了四个月正规培训的员工。但这就是事实,在美林,如果接受过培训,但又在两年内离开公司,就一定会被告上法庭,要求返还培训费用。我丢了工作,好在并没有被告上法庭。哈顿证券公司经理同意给我面试机会,但条件是,我必须如实讲出被解雇的理由。于是,我毫无保留地道出了去证交所的过程和公司谣言的事实。

正如喜剧演员比尔·考克斯(Bill Cosby)每次在讲完很长一段"肥肥艾伯特"的故事后才进入正题一样,我讲这段话的目的也是为了引出下文。

不久,我意识到我喜欢股票,喜欢讲述有关公司发展和投资机遇的故事,但我讨厌每天打上百个陌生推销电话,无休止地抄录长串的电话号码。公司顶级经纪人有一个做律师的哥哥和注册会计师的弟弟,我没有他那样的便利条件。

后来,我决定离开,直觉告诉我,我不属于那里。于是,我走进经理办公室,告诉他,我决定退出。这是非常冒险的决定;我没有钱,没有事业,也没有未来。但直觉告诉我,继续现在的工作我不会快乐。

以前我给一个电视台寄过自制的录像带,该频道正在做FNN,也就是后来CNBC所做的财经新闻报道,只不过他们的覆盖范围仅限于当地。突然有一天他们打来电话,如果我还在做经纪人,这个机会就不可能降临在我头上。

几次试镜后,新闻部主任说,他打算让我做候补主播,并让我参加了电脑操作培训。大约一个多月后,我跃跃欲试,做好了

结　论

主播的准备，但我期待的电话铃声一直没有响起。后来我才知道，新闻部主任被解雇了。本以为新的职业生涯就在眼前，没想到它就这样夭折了。

因为一向打字很快，后来，我做了一名临时打字员，每天为高管们端茶倒水，打印公司公文。秘书节的时候，我们会共进午餐；这时，我会想，我究竟该做什么，走怎样的职业道路才不至于每小时只拿 12 美元。不要曲解我的意思：我希望得到更高薪水，更重要的是，我知道，我还可以做更多、更有意义的事。但我不知道这个适合我的职业到底是什么，怎样才能找得到。

我写过一些幽默风趣的评论，并把它们寄给了公共广播电台的"市场"节目。一段时间后，稿件被正式采用。我记得，当时写的有关企业并购的评论还引起不小反响，很多家庭和企业开始关注这一现象。

不久，商业频道打来电话。新闻部主任亲自打电话，邀请我顶替一个出差的主播做一周节目。就这样，我的电视生涯开始了。

时至今日，我已经在电视台工作了 20 年。在这里，我或做主播或报道当地新闻或全国重要新闻。我采访过竞选德克萨斯州州长的不知名的候选人，见证了他的付出和入主白宫的成功之路；我主播过选举夜难分伯仲的总统竞选实况，2003 年，又前往伊拉克报道了"结束敌对"后的一系列事件。我常把这段时间描述成从蜜月期到"华盛顿，我们有麻烦"阶段的过渡。我在华尔街为 CNBC 送去了网络泡沫和泡沫破裂的新闻报道，我也见证了美国历史上第一个非裔美国人宣誓就职，就任美国总统的激动时刻。

结　论

　　很多电视人都拥有更炫目、薪酬更高的工作岗位，但我更为自己经历的这一切而感到自豪，也由衷地感谢这份工作带给我的成长和变化。在洛杉矶的那段日子，我无处可去，如果不是一位朋友出手相助，我就只能在车里过夜了。今天，我已经实现了当年的梦想，从事着自己深爱的新闻工作。

　　可以说，如果没有来到CNBC，我就不可能获得和书中的商界领袖面对面交谈的机会，更不可能让这些故事跃然纸上。最后，衷心希望他们的故事能以某种方式给您的事业和生活带来新的起色。

作者简介

鲍勃·塞勒斯（Bob Sellers）从事新闻工作已有二十余年，其中在CNBC（美国全国广播公司财经频道）和福克斯新闻频道做过九年主播。在CNBC，他每天主播三小时，鲍勃也是网络公司从起步发展到网络泡沫破灭的见证者，在此期间，他在华尔街给观众们带来大量及时的报道。在福克斯新闻频道，鲍勃主播日间节目，负责报道日常新闻和国际政治新闻，他采访过的高层政界领导人包括以色列总理本杰明·内塔尼亚胡、前苏联国家领导人米哈伊尔·戈尔巴乔夫等；2003年伊拉克战争拉开序幕，鲍勃·塞勒斯火速赶往伊拉克首都巴格达进行现场报道。作为一名电视主播和普通记者，他的工作场地时有变动，鲍勃工作过的地方有俄勒冈州的麦德福、德克萨斯州的圣安东尼奥、华盛顿州的西雅图，以及华盛顿特区；他还为多种杂志和报纸撰写专栏。从事新闻工作前，鲍勃曾在美林证券公司和莱曼·哈顿公司做过金融顾问，他也曾受邀参加CNBC和福克斯商业新闻网的金融时事评论。鲍勃·塞勒斯还曾为公共电台的"市场"节目供稿。高

作者简介

中毕业时,他被堪萨斯皇家队(Kansas City Royals)选中参加职业棒球训练,经过一段时间的慎重思考后,鲍勃放弃球队训练,最终选择到弗吉尼亚大学求学。他是该校媒体研究系咨询委员会成员。目前,他和妻子安娜,还有他们的双胞胎女儿生活在纳什维尔。他的个人网站网址是:Bobsellers.net。